Hermann-Josef Venetz

Er geht euch voraus nach Galiläa

topos taschenbücher, Band 1084
Eine Produktion des Paulusverlags

Hermann-Josef Venetz

Er geht euch voraus nach Galiläa

Mit dem Markusevangelium auf dem Weg

topos taschenbücher

Verlagsgemeinschaft topos plus
Butzon & Bercker, Kevelaer
Don Bosco, München
Echter, Würzburg
Matthias Grünewald Verlag, Ostfildern
Paulusverlag, Freiburg (Schweiz)
Verlag Friedrich Pustet, Regensburg
Tyrolia, Innsbruck

Eine Initiative der
Verlagsgruppe engagement

www.topos-taschenbuecher.de

Bibliografische Information der Deutschen Nationalbibliothek
Die Deutsche Nationalbibliothek verzeichnet diese Publikation in der Deutschen Nationalbibliografie; detaillierte bibliografische Daten sind im Internet über http://dnb.d-nb.de abrufbar.

ISBN 978-3-8367-1084-8

Umschlagabbildung: © shutterstock.com, Richard Yoshida
Einband- und Reihengestaltung: Finken & Bumiller, Stuttgart
Satz: SATZstudio Josef Pieper, Bedburg-Hau
Herstellung: Friedrich Pustet, Regensburg
Printed in Germany

Inhalt

Vorwort zur überarbeiteten Auflage (2016)

Leute

„Wenn ich die Bibel aufschlage, begegne ich Menschen." Diese Einsicht begleitete mich während all den Jahren, in denen ich mich mit der Bibel beschäftigte. Gewiss kommt es darauf an, wen oder was man sucht und sehen und hören will. Wer Lebensweisheiten sucht oder Gebote oder Lehren oder Dogmen, wird das alles auch finden.

Es wäre ein interessantes Unterfangen und auch eine spannende Hinführung zum Markusevangelium, einmal allen Menschen bzw. Gestalten nachzugehen, die in diesem Schriftstück ausdrücklich oder indirekt, namentlich oder allgemein, offen oder versteckt erwähnt werden. Bereits die ersten Verse (Mk 1,1–20) geben Einblick in eine überraschend große Vielfalt:

Jesus, der Christus und Sohn Gottes; der Prophet Jesaja; der Bote; der Rufende in der Wüste; der Herr; Johannes der Täufer; die Bewohnerinnen und Bewohner von ganz Judäa; alle Einwohner Jerusalems; der Stärkere; der heilige Geist; eine Stimme aus dem Himmel; der geliebte Sohn; der Geist wie eine Taube; der Geist, der in die Wüste treibt; der Satan; die Engel; Menschen, die Johannes dem Tod ausliefern; Menschen, denen Jesus in Galiläa das Evangelium verkündet; Simon und Andreas; die Menschen, die von ihnen gefischt werden sollen; Jakobus; Zebedäus; Johannes; die Tagelöhner.

Nicht viel anders ist es bei den letzten Versen des Evangeliums (16,1–8):

Maria aus Magdala; Maria, die Mutter des Jakobus; Salome; ein junger Mann mit einem weißen Gewand bekleidet (Engel); Jesus von Nazaret, der Gekreuzigte; die Jünger Jesu; Petrus.

Das Netz kann auch verfeinert werden. Jesus und Johannes und die anderen werden sicher Eltern und vielleicht auch Geschwister gehabt haben; wenn Jesus „Christus“ und „Sohn Gottes“ genannt wird, musste es Menschen gegeben haben, die ihren Glauben an ihn mit diesen Bezeichnungen zum Ausdruck brachten; ein Bote steht nicht für sich, er wird von einem zum anderen oder von den einen zu den anderen geschickt; das gilt auch für den Engel; ein Rufer wird Hörerinnen oder Hörer gehabt haben – selbst in der Wüste; Nazaret war ein Ort, der von bestimmten Menschen geprägt war – und auch umgekehrt, der bestimmte Menschen prägte; ein Gekreuzigter wurde von einer Gerichtsinstanz verurteilt und von einem Exekutionskommando zu Tode gebracht. So könnte man noch lange weiterfahren.

Es fällt auf, dass neben den menschlichen Gestalten auch andere, „mythische“ auftreten, denen man nur in einer bestimmten Literatur begegnet: himmlische Boten, Engel, Geister, Himmelsstimmen.

Spannungen

Gewiss ist in einer solchen Schrift nicht nur die Erwähnung oder Nennung von Gestalten wichtig; diese Gestalten standen in Beziehungen zueinander, und Beziehungen – das wissen wir aus eigener Erfahrung – können sehr spannungsgeladen sein. Spannungsgeladene Beziehungen gibt es im Markusevangelium zuhauf. Um nur einige wenige zu nennen: Jesus und seine Jüngerinnen; die Jünger und die Frauen, die ihre Kinder zu Jesus bringen; Herodes und Johannes der Täufer; Jesus und die syro-phönizische Frau; Petrus und Jesus; Jesus und die Schriftgelehrten; Pilatus und die Hohenpriester.

Keinesfalls übersehen dürfen wir denjenigen oder diejenigen, die von all diesen Gestalten und ihren Spannungen berichten, d. h. den oder die Verfasser des Evangeliums. Wer sie waren und was sie dazu bewegte, ungefähr vierzig Jahre nach den Ereignissen ein Buch über diese Leute und die spannungsvollen Geschehnisse zu schreiben, müssen wir dem Buch selbst entnehmen. Wenn der Verfasser, den wir Markus nennen, Geister, den Satan, Engel, ja Gott selbst auftreten lässt, bedeutet das auch, dass er nicht nur Fakten referiert, sondern diese auch deutet. Sicher ist, dass Markus selbst in einem mehr oder weniger spannungsgeladenen Beziehungsnetz lebte, und sicher ist auch, dass er das Buch nie geschrieben hätte, wenn er nicht davon ausgegangen wäre, dass es auch gelesen wird. Es ist anzunehmen, dass er beim Schreiben seine Leserschaft ziemlich konkret vor Augen hatte. Die Leute, für die dieses Buch bestimmt war, kannten auch ihn und wussten um die Differenzen, die sie mit ihm hatten. Sie kannten auch einander, und es ist davon auszugehen, dass auch ihre Beziehungen untereinander nicht spannungsfrei waren.

Auf dem Weg

Die Leute, denen wir im Evangelium und im Zusammenhang mit ihm begegnen, stehen nicht einfach so herum; hier und da muss man sie suchen und die politischen, wirtschaftlichen und kulturellen Zusammenhänge deutlich machen, in denen sie gelebt haben. Das gilt sowohl für die Leute, von denen das Buch erzählt (erzählte Welt), als auch für diejenigen, die das Buch geschrieben und als Erste gelesen haben und anhand des Geschriebenen und Gelesenen über ihre eigene Welt nachgedacht und sie zur Sprache gebracht haben (besprochene Welt). Durchwegs sind es Menschen auf dem Weg. In der erzählten Welt sind es Jüngerinnen und Jünger, die im Palästina der 30er-Jahre mit Jesus von Nazaret auf dem Weg nach Jerusalem waren, wo Jesus hingerichtet wurde, ohne dass dabei der Weg beendet gewesen wäre. In der besprochenen Welt sind es Leute um das Jahr 70 – irgendwo im Römischen Reich, vielleicht sogar im Umkreis des Zentrums Rom –, die sich nach Galiläa aufmachten. Sie waren überzeugt, dass überall der „Ort" eines Neuanfangs sein kann, wenn Frauen und Männer dem gekreuzigten und auferweckten Messias Jesus nachfolgen.

Seitdem es das Markusevangelium gibt, machten und machen sich Leute mit ihm auf den Weg. Auch diese sollten wir mit einbeziehen, wenn wir das Markusevangelium lesen. Auch diese werden uns nicht erlauben, stehen zu bleiben und zu sagen: Jetzt haben wir's. Wohl kein anderes Evangelium widersetzt sich so entschieden allen Versuchen, seinen Inhalt auf eine Formel zu bringen oder in ein Dogma einzusperren wie das Markusevangelium. Für Systematiker bietet es kaum irgendwelche Anhaltspunkte oder gar Handreichungen. Andererseits darf man vermuten, dass sich kein anderes Evangelium so gut eignet, Glaubende in Bewegung zu bringen und in Atem zu halten.

Wer sich wissenschaftlich oder spirituell mit dem Markusevangelium auseinandersetzt, sieht sich immer wieder in diese Bewegung hineingenommen, und wer jemandem das Markusevangelium näherbringen will, muss sich selbst mit dem Evangelium auf den Weg machen und mit anderen diesen Weg gehen. Als Außenstehender, als Beobachterin wird man das Evangelium nie verstehen und erst recht nicht verständlich machen können.

Ich habe viel von Wissenschaftlerinnen und Wissenschaftlern lernen können, die sich mit dem Markusevangelium nicht nur als scharfsinnige Beobachter auseinandersetzen, sondern sich von ihm auch bewegen lassen. Sie alle hier aufzuzählen, würde viel zu weit führen. Einige wenige Namen tauchen im Laufe der Ausführungen auf, meist an Stellen, an denen ich mich verstärkt auf sie beziehe.

Viel gelernt habe ich im Laufe der Jahre auch von Leuten, die sich nicht berufsmäßig mit der Bibel auseinandersetzen, sondern ganz einfach das Wagnis eingehen, sich mit der Bibel auf den Weg zu machen, Männer und Frauen, denen ich in Vorlesungen, Seminaren, Kursen, Wochenenden, Vorträgen und Diskussionsrunden begegnen durfte. Wahrscheinlich sind sie sich nicht bewusst, wie hilfreich ihr frischer, fast selbstverständlicher, auf das konkrete Leben bezogener Umgang mit der Bibel auch und gerade für jene ist, die sich als Exegetinnen und Bibeltheologen der Forschung und der Lehre widmen. Mit diesem Büchlein möchte ich ihnen auf meine Art meinen Dank zum Ausdruck bringen.

Namentlich danken möchte ich Sabine Bieberstein und Peter Reinl. Sie haben Wesentliches zum Zustandekommen dieses Büchleins beigetragen. Die Freundschaft, die uns schon seit Jahren verbindet, erfüllt mich mit großer Dankbarkeit und Freude. Danken möchte ich auch meinen Geschwistern Dorothe Schauber-Venetz und Hans Venetz; sie begleiten meine Arbeit mit viel Sympathie, vertreten dabei die kritische, nicht-theologische Leserschaft und machen jeweils jene sprachlichen Ansprüche geltend, denen sich auch ein theologisches Werk stellen sollte.

Die Frage nach dem „Ort"

Zum Schluss noch ein kleiner Lese-Hinweis. Die Forschung geht heute mehrheitlich davon aus, dass das Markusevangelium ungefähr zu der Zeit das Licht der Welt erblickte, als der Tempel in Jerusalem von den Römern zerstört wurde (70 n. Chr.). Es war zudem die Zeit, in der der Kaiser in Rom und sein Imperium göttliche Züge annahmen. Was das für das jüdische Volk bedeutete, auch für diejenigen unter ihnen, die sich zum Messias Jesus bekannten, kann man sich heute kaum mehr vorstellen. Der *Tempel*, der *Ort, den Gott sich erwählt hat, um daselbst seinen Namen wohnen zu lassen*, wie Theologen und Geschichtsschreiber im Ersten Testament gerne sagen (Dtn 12,11; 14,23; 16,2.6.11; 26,2; Neh 1,9), ist nicht mehr. Die Vergöttlichung des Kaisers und des Imperiums ist nichts anderes als purer Götzendienst. Bei der Lektüre des Markusevangeliums habe ich mich hin und wieder gefragt, ob es nicht ganz wesentlich die Frage nach dem (neuen) „Ort" war, die die Christusgläubigen um Markus umtrieb. Vielleicht ist das Markusevangelium der Versuch, auf die Frage nach dem (neuen) „Ort“ eine Antwort zu finden. Diese Frage steht – mehr oder weniger ausdrücklich – auch im Hintergrund der folgenden Ausführungen.

Die Zitate aus der Bibel folgen in den meisten Fällen der so genannten Einheitsübersetzung. Zum besseren Verständnis bediene ich mich hier und da einer anderen Bibelübersetzung oder auch der eigenen Übertragung aus dem Griechischen.

Visp, im Spätherbst 2016

Hermann-Josef Venetz

Anfang des Evangeliums von Jesus Christus ... (Mk 1,1)

Annäherungen

Das Evangelium ...

Eigentlich ist der Begriff „Evangelium“ ein Fremdwort. Es kommt vom griechischen *eu-angelion*. Die Tatsache, dass wir im Deutschen ganz selbstverständlich ein griechisches Wort benutzen, und zwar so, als ob es ein Bestandteil unserer deutschen Sprache wäre, lässt vermuten, dass der griechische Ausdruck nicht leicht zu übersetzen ist. Viele deutsche Bibelübersetzungen lassen darum das Fremdwort „Evangelium“ stehen, so zum Beispiel die Einheitsübersetzung, nach der das Markusevangelium so beginnt: *Anfang des Evangeliums von Jesus Christus, Gottes Sohn*. Wenig später heißt es von Jesus: *Er verkündete das Evangelium Gottes*. Andere Bibelausgaben übersetzen die eben angegebenen Stellen mit „Heilsbotschaft“ oder „Gute Nachricht“, wobei die Herausgeber das ganze Buch dann doch unter einen Titel stellen, in dem das Fremdwort „Evangelium“ beibehalten wird: „Das Markusevangelium“ oder „Das Evangelium nach Markus“.

Geht man der ursprünglichen Bedeutung des Wortes „Evangelium“ nach, versteht man das Zögern der Übersetzer. Im Griechischen hat „Evangelium“ einen im weitesten Sinn politischen Klang. Wenn die kaiserlichen Heere den Feind besiegten, war die Siegesbotschaft, die der Herold dem Kaiser überbrachte, ein „Evangelium" – nicht nur für den Kaiser, sondern für alle Bewohner des Reiches. So hat „Evangelium" von Anfang an auch einen sieghaften Klang. Der Sieg der kaiserlichen Heere bedeutete aber für gewisse Landstriche auch „Rettung" aus wirtschaftlichen Nöten oder aus der Hand fremder oder gar terroristischer Mächte. Darum tauchen im Zusammenhang des „Evangeliums" auch oft Begriffe wie „Frieden" oder „Wohlstand" oder „Glück" auf. Mit der Zeit ist dann der Begriff „Evangelium" etwas verblasst und wurde für alle möglichen positiven Nachrichten oder Botschaften gebraucht.

Oft hatte „Evangelium" auch eine sakrale Bedeutung im Sinne eines (göttlichen) Orakels, das verkündet wird. In diesem Zusammenhang hatte es die Bedeutung von Verheißung. Das Orakel verhieß gute Geburt oder Befreiung von Feinden und Dämonen. Beachtung verdient die Nähe von „Evangelium" und „Göttlicher Mensch"; der „Göttliche Mensch" war jemand, der die Gottheit repräsentierte, ein Held, ein Heiliger – oder auch der Kaiser, der als Epiphanie, als Erscheinung Gottes galt. Seine Anordnungen waren „Evangelien"; denn was er sagte und tat, bedeutete Glück und Heil für die Menschen des Reiches. Sein Erscheinen selbst war „Evangelium", bzw. das „Evangelium" handelte von seinem Erscheinen. In Priene (Kleinasien) wurde eine Inschrift aus dem Jahre 9 v. Chr. gefunden, auf der unter anderem steht: „Der Geburtstag des Gottes war für die Welt der Anfang der Evangelien, die seinetwegen ergangen sind." Mit Gott war der Kaiser gemeint. Der Geburtstag des Kaisers wurde dann auch auf den Jahresanfang verlegt. Auch die Mündigwerdung, die Thronbesteigung, die Heirat des Thronfolgers waren solche „Evangelien".

Halten wir einige Stichworte fest, die mit „Evangelium“ gedanklich verbunden sind: König bzw. Königtum, Sieg, Befreiung, Rettung, Frieden, Anfang, neue Zeit.

Werfen wir einen Blick in die griechische Übersetzung des Ersten Testaments, die so genannte Septuaginta, fällt besonders das Verb auf: „Evangelium verkünden“, griechisch: eu-angelizesthai. Die für unseren Zusammenhang bedeutendste Stelle ist Jes 52,7:

> *Wie lieblich sind auf den Bergen die Füße dessen, der das Evangelium verkündet, der als Evangelium den Frieden verkündet, Gutes verheißt, Rettung ansagt und zu Zion spricht: „Dein Gott ist König!“*

In beiden Kontexten, sowohl im kaiserlichen wie auch im biblischen, sind die Stichworte, die mit „Evangelium“ verbunden sind, nicht grundsätzlich verschieden: Frieden, Gutes, Rettung, die Ansage *Dein Gott ist König* und der Anbruch einer neuen Zeit. Ob damit aber in beiden Kontexten auch das Gleiche gemeint ist? Meint das Königtum des Gottes JHWH, von dem Jesaja spricht, das Gleiche wie das Königtum des römischen Kaisers? Ist der Friede des römischen Imperiums vergleichbar mit dem Frieden, der anbricht, wenn JHWH seine Herrschaft antritt?

Ein entscheidender Unterschied im Gebrauch des Ausdrucks „Evangelium“ ist nicht zu übersehen: Auf der einen Seite kündigt der römische Herold als „Evangelium“ den Geburtstag des Kaisers an, seine Thronbesteigung, den Sieg über die Feinde, die Eroberung feindlicher Gebiete; auf der anderen Seite spricht das Markusevangelium vom Leben, Lehren und Handeln Jesu, das vom Kommen Gottes Zeugnis gibt und das bald schon überall aneckt, besonders bei jenen, die eben eine andere, eine kaiserliche Vorstellung von Evangelium vertreten. In Jerusalem, dem Sitz der Mächtigen, wird Jesus gestoppt. In einem Schnellverfahren wird er zum Tod verurteilt und von einem römischen Exekutionskommando hingerichtet. Auch das gehört zum „Evangelium". Zum „Evangelium" gehört aber auch dies: Am leeren Grab verkündet der Bote Gottes den Frauen, Gott habe Jesus vom Tod auferweckt; sie sollen zu den Jüngerinnen und vor allem zu Petrus gehen und ausrichten, dass der Auferstandene ihnen nach Galiläa vorausgeht und dass sie ihn dort sehen werden. Mit all dem wird der Begriff „Evangelium" völlig neu gefüllt; sein Inhalt ist die erzählte und als „Evangelium" gedeutete Geschichte des Jesus von Nazaret. Dazu gehören sein Sterben und seine Auferweckung und die Verheißung, dass die Jünger und vor allem Petrus ihm in Galiläa begegnen werden. Die damit verbundenen Vorstellungen, wie wir sie oben festgehalten haben, bleiben, wenn auch in einem völlig neuen Licht: Das „Evangelium" hat etwas mit Befreiung zu tun, mit Rettung, mit Sieg, mit Frieden, mit dem Kommen der Königsherrschaft Gottes und mit dem Anbruch einer neuen Zeit. Nur eben: Der Urheber des „Evangeliums" ist ein anderer.

Ein „Evangelium", eine Botschaft, eine Siegesnachricht gibt es nicht „einfach so". Es bedarf des Herolds, der das Evangelium verkündet – in unserem Fall des Evangelisten. Und es bedarf derjenigen, denen das „Evangelium" verkündet wird und die es gläubig hören und lesen. Sie alle sind mit hineingenommen in das Geschehen. Wenn als „Evangelium" das Leben Jesu erzählt wird, sein Tod in Gottverlassenheit am Kreuz, seine Auferweckung und die Verheißung seines Kommens, könnte das doch auch für die heutigen Leserinnen und Leser bedeuten: Ein Leben, das in Tod und Gottverlassenheit endet, ist ganz und gar nicht außerhalb des Evangeliums, nicht außerhalb der Freudenbotschaft, der königlichen Siegesnachricht oder wie immer wir es nennen wollen; es ist bereits eingeholt von der Verheißung, dass ER im Kommen ist.

Damit ist schon das meiste über das Markusevangelium gesagt.

... nach Markus

Über „Markus", den Verfasser des Markusevangeliums, wissen wir so gut wie nichts. Was wir von ihm sagen können, müssen wir aus seinem Werk erschließen. Er war der griechischen Sprache mächtig, theologisch gebildet und kannte sich im so genannten Alten Testament und in den jüdisch-hellenistischen Schriften aus. Er muss Quellen benutzt haben, die einen stark hebräischen oder aramäischen Einschlag hatten. Manche dieser Ausdrücke ließ er stehen. Die Tatsache freilich, dass er sie zum besseren Verständnis jeweils ins Griechische übersetzte (zum Beispiel *talita kum* in 5,41; *eloi, eloi, lama sabachtani* in 14,34), lässt uns annehmen, dass seine Leser des Aramäischen nicht (mehr) mächtig waren. Auch muss es unter der Leserschaft Leute gegeben haben, die im Alten Testament und in der jüdischen Religion nicht besonders gut beheimatet waren: Markus sieht sich veranlasst, jüdische Sitten zu erklären (vgl. zum Beispiel die Reinigungssitten in 7,1–4). Schon diese einfachen Beobachtungen lassen vermuten: Das Markusevangelium ist gewiss nicht im palästinischen Raum entstanden, und die Leserschaft war nicht ausschließlich jüdischer Herkunft, sondern setzte sich auch aus Leuten anderer Kulturen zusammen, aus „Leuten aus den Völkern", wie man auch gerne sagt, oder – weniger schmeichelhaft – aus so genannten Heiden.

Der Ort, an dem das Evangelium entstanden ist, ist also nicht der Ort der Ereignisse, von denen das Evangelium berichtet. Aber auch die Zeit und das ganze Umfeld haben sich verändert. Fast zwei Generationen sind seit den Ereignissen ins Land gegangen, wenn man davon ausgeht, dass das Markusevangelium um das Jahr 70 herum geschrieben worden ist, wie die Bibelwissenschaft heute allgemein vermuten lässt. Das würde aber auch heißen, dass der Verfasser nicht Augenzeuge der Ereignisse war, ja dass er wahrscheinlich überhaupt Mühe hatte, noch irgendwelche Augenzeugen aufzutreiben. Er war auf Traditionen angewiesen, die zum Teil mündlich, zum Teil auch schriftlich weitergegeben wurden und auf ihn gekommen waren. Einige dieser Traditionen reichen bis in die Zeit des historischen Jesus zurück: dass Jesus Jüngerinnen und Jünger um sich versammelte, dass sich die meisten von ihnen gegen Ende seines Lebens von ihm trennten, dass Simon, der Sprecher der Jüngerschar, ihn verleugnete, dass Jesus einem Schnellverfahren eines römischen Exekutionskommandos zum Opfer fiel. In das historische Leben Jesu zurückverfolgen lassen sich auch eine Reihe von Jesusworten. Besonders an den überlieferten Gleichnissen kann man deutlich machen: Für diejenigen, die für die Überlieferungen verantwortlich waren, war nicht die Wörtlichkeit die erste Sorge; in die Jesusworte, Gleichnisse und Erzählungen brachten sie jeweils auch sich selbst mit ein, weil sie überzeugt waren, dass das, was Jesus gesagt und getan hatte, auch für ihr eigenes Leben und Tun von bleibender Bedeutung war.

Was war denn eigentlich geschehen? Oft sagt man, der Tod Jesu sei das Letzte, was von Jesus historisch als gesichert festgehalten werden könne. So einfach ist es nicht. Historisch ebenso gesichert ist doch auch dies: Anhängerinnen und Anhänger Jesu, die eben dabei waren, sich in alle Winde zu zerstreuen, haben kurz nach seiner Hinrichtung behauptet und bezeugt: *Gott hat ihn auferweckt. Er ist auferstanden. Er lebt.* Nicht *nur* das Interesse am Vergangenen, am Historischen und Faktischen war der Motor für die Überlieferungen, sondern der *Glaube*, dass nicht der Tod, sondern Gott das letzte Wort behält. Dieser Glaube ermächtigte sie zu einer neuen Zuversicht und zu einer neuen Sichtweise, er befreite sie zu einem neuen Leben und befähigte sie zu einer neuen Sprache, durch die sie das Leben Jesu nicht mehr nur als ein „Leben zum Tode" weitererzählten, sondern als ein Leben besangen, das immer schon von Gott umfangen war und weiterhin umfangen bleibt.

Eine Erzählung …

Es ist das große Verdienst des Evangelisten Markus, dass er die verschiedenen Traditionen gesammelt hat: Jesusworte, Gleichnisse, Erzählungen. Markus war aber nicht einfach nur „Sammler", wie man das in früheren Zeiten da und dort behauptete. Markus war ein Theologe ersten Ranges, wie wir das im weiteren Verlauf der Darlegungen noch sehen werden. Bei seinem Theologisieren hat er nicht nur nach rückwärts geschaut, er betrieb auch nicht Theologie um der Theologie willen, sondern er hatte immer auch seine Adressatinnen vor Augen, konkrete Menschen und konkrete christliche Gemeinden, die mit ihm als

Messias-Jesus-Gläubige unterwegs waren, die oft angefochten, ja mitunter sogar verfolgt wurden, die aber trotz allem an ihrem Glauben festhielten. Der Anteil dieser Christusgläubigen an den Traditionen und der Gestalt des Markusevangeliums kann nicht hoch genug veranschlagt werden. Woher sollte Markus von ihrem Glauben, ihren Sorgen, ihrem Scheitern, ihren Hoffnungen, ihren Versuchungen, ihrem Widerstand gegen die bösen Mächte wissen, wenn sie es ihm nicht so oder anders mitgeteilt hätten? Und wie sollte Markus zu seinen eigenen Glaubenseinsichten gekommen sein, wenn er nicht immer wieder von christlichen Gemeinden angeregt und inspiriert worden wäre? Das Markusevangelium ist nicht ein Monolog; es ist das Ergebnis intensiver Auseinandersetzungen zwischen dem Verfasser und seiner Leserschaft. Ich vermute, dass das mit ein Grund dafür ist, dass die Schrift den Verfasser nirgends mit Namen nennt; erst in der Mitte des 2. Jahrhunderts ist sie mit dem Namen „Markus" in Zusammenhang gebracht worden.

Markus – wir bleiben jetzt bei diesem Namen – war ein Schriftsteller. Das ist in den letzten Jahren in der Forschung immer deutlicher in den Vordergrund getreten. Und zwar hat er nicht nur eine stattliche Anzahl von kurzen Jesusworten, Gleichnissen und Erzählungen aneinander gereiht; sondern er hat ein Buch geschrieben, das einen Anfang, einen klaren Aufbau und einen Schluss hat. Es ist schade, dass sich die meisten von uns die Evangelien nur häppchenweise zu Gemüte führen. Sowohl in der Liturgie wie auch in der persönlichen Lektüre kommen wir kaum über größere oder mehr noch kleinere Abschnitte – Perikopen genannt – hinaus. Wie sehr wünschte ich meinen Leserinnen und Lesern, dass sie sich einmal (oder zweimal oder besser noch dreimal) einen Abend oder auch einen Morgen Zeit nehmen, das *ganze* Markusevangelium in einem Zug zu lesen. Ich kann ihnen versichern: Sie werden Entdeckungen machen, die sie nie für möglich gehalten hätten.

Um hier bereits einen ersten Überblick über das Gesamt des Evangeliums zu erhalten: Bas van Iersel, ein holländischer Exeget, hat vor Jahren versucht, das Markusevangelium von einem mehr geografischen Aufriss her zu gliedern. Dieser Gliederungsversuch sieht so aus:

1,1–13 *Wüste*
1,14–15 Übergang
1,16–8,21 *Galiläa*
8,22–26 blind → sehend
8,27–10,45 *der Weg*
10,46–52 blind → sehend
11,1–15,39 *Jerusalem*
15,40–41 Übergang
15,42–16,8 *das Grab*

Eine solche Gliederung fällt nicht vom Himmel. Markus wird sich die Frage gestellt haben, wie er das ganze ihm vorliegende Material, all die mündlichen und schriftlichen Traditionen, in eine bestimmte Ordnung bringen könnte. Ohne uns hier länger aufzuhalten, können wir jetzt schon vermuten, dass diese Gliederung nicht nur rein geografischer Natur ist. Wir werden bald schon sehen, dass *Galiläa* und *Jerusalem* nicht nur geografisch, sondern auch theologisch hoch bedeutsam sind. Das Gleiche gilt sowohl von der *Wüste* als auch vom *Grab*. Übrigens werden wir im Laufe der Ausführungen feststellen, dass Markus die einzelnen hier angegebenen Einheiten noch einmal untergliedert hat.

Bedenkenswert dürfte sein, dass die Gliederung konzentrisch angelegt ist. In der Mitte ist *der Weg*. Ernst Haenchen gab 1966 seinem Kommentar zum gesamten Markusevangelium den Titel „Der Weg Jesu". Vom Zentrum ausgehend ist *der Weg* umrahmt von je einer Blindenheilung. Wir werden am gegebenen Ort sehen, wie wichtig diese Rahmung ist. Weiter vom Zentrum ausgehend kommen wir einerseits zu *Galiläa*, andererseits zu *Jerusalem*, und nach den jeweiligen *Übergängen* kommen wir einerseits zur *Wüste*, andererseits zum *Grab*. Gewiss hat sich diese Gliederung nicht zufällig so ergeben.

Markus hat ein Buch geschrieben mit einer Einleitung, einem zielstrebigen Aufbau und einem Schluss. Aber was ist das für eine Art von Literatur? Ist es eine Biografie? Ein Roman? Ein Gleichnis? Vielleicht ist es am besten, wir bleiben im Allgemeinen: Es ist eine *Erzählung*. Markus *erzählt* die Geschichte des Jesus von Nazaret. Das ist aber noch nicht alles. Weiter oben haben wir uns mit dem Begriff *Evangelium* auseinandergesetzt. Das ist das Neue und Kreative des Evangelisten Markus und „seiner" Gemeinde(n): Die Erzählung der Geschichte des Jesus von Nazaret ist *Evangelium* – mit allem, was das besagt. So etwas hat es bisher weder literarisch noch theologisch gegeben. Wahrscheinlich ist das der Grund, weswegen wir mit diesem Buch so viel Mühe haben. Wenn wir einen Roman lesen, wissen wir im Großen und Ganzen, wie er zu interpretieren ist oder wie wir damit umzugehen haben, ganz einfach, weil wir schon viele Romane gelesen haben. So geht es auch mit Märchen, mit Legenden usw. In der Weltliteratur ist das Markusevangelium erstmalig – um nicht zu sagen: einmalig.

Erstmalig oder einmalig – das tut jetzt nichts zur Sache. Wichtig ist: Das Markusevangelium ist eine *Erzählung* im weitesten Sinn des Wortes. Das ist sehr bedeutsam. Niemand erzählt einfach so vor sich hin, es sei denn, er wolle unbedingt etwas loswerden, ob ihm nun jemand zuhört oder nicht. Normalerweise erzählt jemand eine Geschichte, weil er von dieser Geschichte so oder anders bewegt ist, und er erzählt die Geschichte, weil er auch seine Zuhörerinnen oder Leser so oder anders bewegen möchte.

... zum Mitspielen

Das Besondere einer Erzählung ist, dass sie die Zuhörer oder Leserinnen auf eine diskrete Art zum Mitmachen einlädt. Ohne dass sie eine bewusste Entscheidung treffen müssen, identifizieren sich Leserinnen mit diesen oder jenen Gestalten der Erzählung; sie können sich aber auch einer solchen Identifizierung verweigern. Das ist das Rücksichtsvolle der Erzählung, dass sie – im Unterschied etwa zu einer direkten Konfrontation, einer Aufforderung, einem Befehl oder einem Tadel – den Zuhörern die Freiheit lässt, ob sie bei dem „Spiel" mitmachen wollen oder nicht, mit welcher Gestalt oder Gruppe sie sich mehr oder weniger identifizieren wollen, ob sie bereit sind, sich entlarven oder ermutigen oder tadeln zu lassen, und sie sind dabei auch gar nicht genötigt, gleich Stellung zu beziehen. Hier ein einfaches Beispiel: die Berufung des Zöllners Levi und das Sündermahl (Mk 2,13–14.15–17):

> [13] *Jesus ging wieder hinaus an den See. Da kamen Scharen von Menschen zu ihm, und er lehrte sie.* [14] *Als er weiterging, sah er Levi, den Sohn des Alphäus, am Zoll sitzen und sagte zu ihm: Folge mir nach! Da stand Levi auf und folgte ihm.*

[15]*Und als Jesus in seinem Haus beim Essen war, aßen viele Zöllner und Sünderinnen zusammen mit ihm und seinen Jüngern; denn es folgten ihm viele.*
[16]*Als die Schriftgelehrten der Pharisäer sahen, dass er mit Zöllnern und Sündern aß, sagten sie zu seinen Jüngerinnen: Mit so schlechten Leuten isst er!*
[17]*Jesus hörte es und sagte zu ihnen: Nicht die Gesunden brauchen den Arzt, sondern die Kranken. Ich bin nicht gekommen, Gerechte zu rufen, sondern Sünder.*

Markus erzählt eine Begebenheit aus dem Leben Jesu. (Wir werden später darauf zurückkommen). Wenn er diese Geschichte erzählt, hat er seine christlichen Gemeinden, also Christinnen und Christen der 70er-Jahre vor Augen; *ihnen* will er die Geschichte erzählen. Er legt also die Erzählung in einer Weise an, dass er die Leser, für die er schreibt, in das Geschehen mit einbeziehen kann. In der Erzählung treten Gestalten oder Gruppen auf, mit denen sich Gemeindemitglieder identifizieren können: Jesus, der die Volksscharen lehrt; Jesus, der den Zöllner Levi in die Nachfolge ruft; der Zöllner Levi, der dem Ruf Jesu folgt; viele Zöllner und Sünderinnen, die Jesus folgen und mit ihm und den Jüngern zu Tisch sitzen; die Schriftgelehrten der Pharisäer, die über das Verhalten Jesu aufgebracht sind.

Eine Erzählung besteht freilich nicht nur aus Personen und Gruppen. Personen und Gruppen stehen auch in Spannung zueinander. Die Spannung unserer Erzählung besteht darin, dass Jesus – und mit ihm die Jüngerinnen – etwas tun, was das Missfallen der Schriftgelehrten hervorruft. Warum? Die Zöllner zur Zeit Jesu gehörten zu den Verachteten der jüdischen Gesellschaft. Da das Zollwesen in den Händen der römischen

Besatzungsmacht lag, wurde jeder, der am Zoll arbeitete, als Kollaborateur, ja als Verräter am jüdischen Volk angesehen. Dabei hatten diejenigen, die sich in den Dienst der Römer stellten, oft gar keine andere Wahl; bei der großen Arbeitslosigkeit waren sie auf jede Art von Verdienst angewiesen. Dazu kam, dass man den Zöllnern begründet oder unbegründet betrügerisches Verhalten gegenüber Bauern und Beduinen vorwarf. Auf alle Fälle waren Zöllner nirgends willkommen. Durch ihr Verhalten grenzten sie sich selbst aus der Gesellschaft aus; ihnen war nicht einmal erlaubt, am Gottesdienst der Synagoge teilzunehmen. Was von ihnen zu halten ist, zeigt die Wendung *Zöllner und Sünder*, eine Redewendung, die sicher nicht von Jesus stammt, sondern wahrscheinlich in jüdisch-christlichen Gemeinden aufgekommen ist. Dass Jesus einen solchen Menschen in die Nachfolge rief; dass Jesus und seine Jünger mit solchen Menschen an einem Tisch saßen und so das *Reich Gottes* mit Zöllnern und Sündern zusammenbrachten: Das war für die Schriftgelehrten schlicht inakzeptabel, sodass sie sich gegen Jesus und die Seinen auflehnten.

Es ist nicht schwer sich auszudenken, dass es solche und ähnliche Spannungen auch in den christlichen Gemeinden gab. Da gab es Christinnen, d. h. „Jünger“, die die Praxis Jesu weiterführten und auch „Zöllner und Sünder“ – wer immer jetzt damit gemeint war – in ihre Reihen aufnahmen. Da gab es in derselben Gemeinde Leute, eine Art Schriftgelehrte, die ein solches Verhalten nicht dulden konnten, weil sie fürchteten, dass so *die Perlen vor die Säue* geworfen werden (vgl. Mt 7,6), d. h. das Heilige profaniert wird. Da gab es in der Gemeinde aber auch Leute, die sich als „Sünder“ nicht trauten, an den gemeinsamen Mählern teilzunehmen. Da gab es Leute, die an der „Lehre“

Jesu festhielten: Die Gemeinde sollte vor allem ein Ort der Gesundung und Heilung sein, ein Ort auch, an dem am gemeinsamen Tisch Geschwisterlichkeit gelebt werden konnte.

So wird eine Erzählung aus dem Leben Jesu transparent für die Konflikte in der Gemeinde, und die Gemeinde kann sich auf diese Weise in der Erzählung wiederfinden. Es ist nicht schwer sich auszudenken, dass es in den Evangelien Erzählungen aus dem Leben Jesu gibt, die mehr Rückschlüsse auf die historische Situation der christlichen Gemeinden zur Zeit der Evangelisten zulassen als auf die historische Situation des Jüngerkreises zur Zeit Jesu.

Im Laufe unserer Darlegungen werden wir also unser Augenmerk auf jene Gestalten und Gruppierungen richten müssen, die zu Jesus und seinem Anliegen in besonders großer Spannung lebten, wobei aus den verschiedenen Gruppierungen der Kreis der „Jünger" am meisten herausragt. Es ist zu vermuten, dass die Jünger, deren Verhalten von Jesus immer wieder getadelt werden musste, mehr über die Verfassung der christlichen Gemeindemitglieder zur Zeit des Markus als über diejenige der Jüngerinnen und Jünger zur Zeit Jesu etwas aussagen. Nicht auszuschließen ist, dass auch schon vor Markus diejenigen, die die Erzählungen überliefert haben, nach einem ähnlichen Muster verfuhren, d. h. dass sie beim Erzählen mehr an ihren Hörerinnen interessiert waren als an den historischen Jüngern Jesu.

Anfang und Ende

Das Markusevangelium beginnt so:

Anfang des Evangeliums Jesu Christi des Sohnes Gottes.

Die Frage, wie dieser „Anfang" vom Rest des Werkes abzugrenzen ist, ist immer noch nicht völlig geklärt. Ist mit diesem „Anfang" das Auftreten Johannes des Täufers (Mk 1,2–8) gemeint? Gehörten die Taufe Jesu (1,9–11) und die Versuchung in der Wüste (1,12–13) auch noch dazu? Und wie ist es mit der ersten Zusammenfassung der Verkündigung Jesu in 1,14–15? Nach der Auslieferung des Täufers beginnt Jesus mit seiner Predigttätigkeit. Setzt hier nach dem „Anfang" der Hauptteil des Evangeliums ein? Die Tatsache, dass in 1,14–15 die Auslieferung des Täufers und der Beginn der Predigttätigkeit Jesu zusammengenommen werden, lässt darauf schließen, dass wir es hier mit einer Art Scharnierstück zwischen „Anfang" und Hauptteil zu tun haben. Wie und wo immer man nun diesen *Anfang des Evangeliums* abgrenzt, die Frage ist: Welche Funktion haben diese ersten acht oder dreizehn oder fünfzehn Verse überhaupt? Bilden sie so etwas wie eine „Einleitung" im Sinn einer ersten Tuchfühlung mit dem ganzen Werk, oder sollte man eher von „Prolog", „Vorgeschichte", „Vorspiel" oder „Ouvertüre" reden? Die Nuancen sind jeweils verschieden, je nachdem ob man im ganzen Werk mehr einen historischen Bericht, eine Erzählung oder eine dramatische Darstellung sieht.

Es gibt Exegeten, die das ganze Markusevangelium als *Anfang des Evangeliums Jesu Christi des Sohnes Gottes* bezeichnen möchten. Dafür muss zuerst aber etwas zum Schluss des Evangeliums gesagt werden. Die heutige Bibelwissenschaft ist allgemein der Überzeugung, dass das Markusevangelium ursprünglich mit Mk 16,1–8 zum Abschluss kam: Frauen kommen am ersten Tag der Woche zum Grab. Wider Erwarten ist der Stein vor dem Grab weggewälzt. Ein mit weißen Gewändern bekleideter junger Mann verkündet den Frauen, dass der Gekreuzigte auferweckt worden sei und macht sie auf das leere Grab aufmerksam. Dann gibt er ihnen folgenden Auftrag:

> *Geht und sagt seinen Jüngern und dem Petrus: Er geht euch voraus nach Galiläa; dort werdet ihr ihn sehen, wie er es euch gesagt hat,*

worauf der Erzähler bzw. der Evangelist hinzufügt:

> *Da verließen sie* (die Frauen) *das Grab und flohen; denn Schrecken und Entsetzen hatte sie gepackt. Und sie sagten niemand etwas davon; denn sie fürchteten sich.*

Wenn das Markusevangelium ursprünglich so aufgehört hat, ist das eine starke Herausforderung, und man versteht, dass die Evangelisten, die Markus folgten, d. h. Matthäus und Lukas und auch Johannes, mit einem solchen Schluss Mühe hatten. Sie scheinen das Bedürfnis gehabt zu haben, die Ankündigung des Engels auch wahr werden zu lassen. Tatsächlich: In allen anderen Evangelien erscheint nach dem Auftreten der Frauen am Grab der Auferstandene selbst, gibt ihnen oder anderen Jüngerinnen und Jüngern Anweisungen, isst mit ihnen, lässt sich von ihnen sogar berühren. Im Vergleich dazu fällt umso mehr auf, wie abrupt das Markusevangelium schließt: Am Schluss steht eine Verheißung des Engels und das Erschrecken, die Flucht und das Schweigen der Frauen; vom Auferstandenen ist nichts zu sehen, von einem Auftrag aus seinem Mund ist nichts zu hören. Irgendwie ist es verständlich, dass spätere Generationen sich mit einem solchen Evangelienabschluss nicht zufrieden geben konnten. Wenn wir in unseren Bibelausgaben den Schluss des Markusevangeliums aufschlagen, folgen den Versen 16,1–8 die Verse 9–20. Bei näherer Lektüre dieser Verse lässt sich unschwer feststellen: Sie sind eine Zusammenfassung dessen, was wir in den erwähnten anderen Evangelien lesen: Der Auferstandene erscheint Maria von Magdala (vgl. Joh 20,1.11–18; Lk 8,2); dann offenbart er sich zwei Jüngern auf dem Weg (vgl. Lk 24,13–35), diese sagen es den anderen weiter; später offenbart er sich den Elfen, die der Auferstandene in alle Welt hinausschickt (vgl. Lk 24,36–49; Mt 28,18–20; Joh 20,19–23), und zu guter Letzt wird auch noch von der Entrückung und Inthronisation Jesu sowie von der Predigttätigkeit der Gesandten gesprochen (vgl. Lk 24,50–53; Apg 1,4–14).

Das alles weist darauf hin, dass die Verse Mk 16,9–20 erst erheblich später, das heißt nach der Veröffentlichung aller anderen Evangelien, dem Markusevangelium hinzugefügt worden sind. Man muss aber dem Verfasser dieser Verse zugutehalten, dass er nicht „einfach so“ die Begebenheiten aus den anderen Evangelien aneinander gereiht hat. Die fünfmalige Betonung des Unglaubens weist darauf hin, dass er das Hauptanliegen des Evangelisten Markus sehr gut verstanden hat, ist doch der Glaube bzw. der Unglaube auch und gerade der Jünger und Jüngerinnen ein zentrales Thema des Markusevangeliums.

Kommen wir zurück zum ursprünglichen Schluss des Markusevangeliums. Etwas enttäuscht mussten wir feststellen: Vom Auferweckten keine Spur, von einem Auftrag aus seinem Mund ist nichts zu hören; wir haben einzig die Botschaft und den Auftrag des Engels, eine Botschaft und einen Auftrag, die bei den Frauen großes Entsetzen, Furcht und Schweigen auslösen. Kann das in Mk 1,1 angekündigte *Evangelium Jesu Christi des Sohnes Gottes* wirklich so enden? Oder könnte es sein, dass das ganze Markusevangelium nur der *Anfang des Evangeliums Jesu Christi des Sohnes Gottes* ist? Wo sollte dann aber die Fortsetzung sein? Beachten wir gut Botschaft und Auftrag des Engels:

> *Ihr sucht Jesus, den Nazarener, den Gekreuzigten. Er wurde auferweckt; er ist nicht hier; seht den Ort, wo sie ihn hingelegt haben. Doch geht, sagt seinen Jüngern und dem Petrus: Er geht euch voran nach Galiläa; dort werdet ihr ihn sehen, wie er es euch gesagt hat* (Mk 16,7).

Im Markusevangelium steht nichts davon, dass es zu einer solchen Begegnung gekommen ist. Sie steht noch aus. Ist es so ganz abwegig zu vermuten, dass das Evangelium dort seine Fortsetzung findet, wo die Jüngerinnen und Jünger und Petrus sich nach Galiläa aufmachen, dort dem Auferstandenen begegnen, sich mit ihm erneut auf den Weg machen und mit ihm weiter auf dem Weg sind – bis auf den heutigen Tag? Wenn – wie wir sehen werden – die Jünger im Markusevangelium transparent sind für die christlichen Gemeinden zur Zeit des Markus, ja auch transparent für die heutigen Leserinnen und Leser, ist es dann so abwegig, in diesem *Galiläa* auch *unser* Galiläa zu sehen, das Galiläa unseres Alltags, den Ort, an dem *wir* dem Auferstandenen begegnen und mit ihm den Weg je neu aufnehmen ...?

Jüngerinnen?

Im Vorausgehenden sind wir ganz selbstverständlich davon ausgegangen, dass sich im unmittelbaren Umkreis Jesu nicht nur Männer („Jünger"), sondern auch Frauen („Jüngerinnen") befanden. Dieses Vorgehen bedarf einer Erklärung. Im Laufe des Evangeliums treten immer wieder Frauen in der Umgebung Jesu auf oder werden Frauen aus seiner Nähe erwähnt, man denke an die Schwiegermutter des Simon (1,29–31), an die Mutter Jesu (3,31–35), an die Schwestern Jesu (6,3), an die blutflüssige Frau (5,25–34), an die Tochter des Jairus (5,21–24.35–43), an die Syrophönizierin und ihre Tochter (7,24–30), an die Witwe (12,41–44), an die Frau, die Jesus salbte (14,3–9), an die namentlich genannten Frauen unter dem Kreuz (15,40–41), an die namentlich genannten Frauen bei der Grablegung (15,47), an die namentlich genannten Frauen beim leeren Grab (16,1–7). Man müsste das Evangelium jetzt noch einmal durchkämmen, und man würde Frauen finden, die Markus zwar nicht eigens erwähnt, die aber ganz selbstverständlich vorausgesetzt werden müssen. Wenn zum Beispiel in 1,32–33 von *Kranken und Besessenen* die Rede ist, die man zu Jesus brachte, oder wenn *die ganze Stadt an seiner Türe versammelt war* oder wenn es heißt, dass er *viele* heilte, dann waren da doch sicher auch Frauen und Mädchen dabei. Wenn in 1,36 Simon und seine Gefährten Jesus suchen und ihm sagen: *Alle suchen dich*, wäre es doch wirklich sehr abwegig, dabei nur an Männer zu denken. Und wenn Jesus in 1,38 dahingehend antwortet, dass er in die umliegenden Ortschaften gehen will, um auch dort zu predigen, nimmt er da die Frauen sicher nicht aus. Und so könnten wir noch lange weiterfahren – übrigens eine spannende Aufgabe, sich ins Markusevangelium zu vertiefen: All die ungenannten oder gar versteckten Frauen ausfindig und sichtbar zu machen, die selbst im Markusevangelium viel zahlreicher anwesend sind als wir meinen. Erst neueste Übersetzungen am Ende des 20. und zu Beginn des 21. Jahrhunderts wie im Deutschen die „Bibel in gerechter Sprache“ (2006) oder „Die Bibel. Einheitsübersetzung“ (2016) machen Frauen im Gefolge und im Umkreis Jesu deutlich sichtbar. Dabei hätten Übersetzer und Übersetzerinnen schon sehr viel früher auf Frauen in der Umgebung Jesu aufmerksam machen können.

Gehen wir dazu noch einmal an den Schluss des Markusevangeliums. Dort konnten wir eben beobachten, dass an drei Stellen Frauen ausdrücklich genannt werden, und zwar ausgerechnet dort, wo von den Jüngern keiner zu sehen ist. Bei der ersten Erwähnung dieser Frauen heißt es in Mk 15,40–41 wörtlich:

> *Es sahen aber auch Frauen von Ferne zu, unter ihnen auch Maria, die Magdalenerin, und Maria, die Mutter von Jakobus dem Kleinen und von Joses, und Salome, die, als er in Galiläa war, ihm nachfolgten und ihm dienten, und viele andere, die mit ihm nach Jerusalem hinaufgezogen waren.*

Wichtig sind hier zuerst einmal die Namen: Die Frauen sind identifizierbar. Unter ihnen ist *Maria von Magdala* als Erste erwähnt. Sie steht auch an den folgenden beiden Stellen (Mk 15,47 und 16,1) an erster Stelle der Aufzählungen. Während in der damaligen Zeit eine Frau meistens von männlichen Familienangehörigen her identifiziert wurde – sie waren entweder die Tochter des N.N., die Frau des N.N. oder die Mutter des N.N., wie die hier erwähnte *Maria, die Mutter von Jakobus dem Klei-*

nen und von Joses – wird die zuerst erwähnte Maria von einer Stadt (Magdala) her näher bestimmt. *Salome* scheint so bekannt gewesen zu sein, dass sie keiner näheren Angaben bedurfte. Eine weitere äußerst wichtige Beobachtung: Sie sind ihm *nachgefolgt* und haben ihm *gedient*. Würden diese beiden Tätigkeiten von Männern ausgesagt, wäre der Fall klar: Es waren Jünger. *Nachfolgen* ist gewissermaßen ein Fachausdruck für das *Jüngersein*, weswegen die beiden Ausdrücke im Markusevangelium zusammengehören. Sollte es ausgerechnet bei Frauen anders sein? Eine dritte Beobachtung: Außer den namentlich genannten Frauen gab es noch *viele andere Frauen, die mit ihm nach Jerusalem hinaufgezogen waren*. Das heißt doch, dass diese *vielen Frauen* während des ganzen Weges von Galiläa nach Jerusalem (man beachte die Bedeutung des *Weges* im Aufriss des Evangeliums) mit ihm gegangen waren. Wir sind schlecht beraten, wenn wir den Ausdruck „Jünger“ in unseren Übersetzungen immer nur in der männlichen Form gebrauchen. Wir verzerren das Bild der Jesusbewegung, wenn wir in Jesu Umkreis immer nur Männer sehen. Übrigens wäre auch das eine interessante Beschäftigung mit dem Markusevangelium: Es ganz bewusst aus dieser Perspektive zu lesen. Um Schwerfälligkeiten zu vermeiden, werden wir in den folgenden Ausführungen – ähnlich wie wir es in diesem Kapitel zu tun versuchten – einmal die männliche, ein anderes Mal die weibliche Form wählen; gemeint sind dabei immer beide, Frauen und Männer.

O dass du die Himmel zerrissest … (Jes 63,19)

Eine „Ouvertüre“

Der Text

[1]Anfang des Evangeliums Jesu Christi, des Sohnes Gottes,

[2]wie es bei dem Propheten Jesaja geschrieben steht:
Ich sende meinen Boten vor dir her;
er soll den Weg für dich herrichten.
[3]Stimme eines Rufenden in der Wüste:
Bereitet den Weg des Herrn,
macht gerade seine Straßen.

Johannes der Täufer	Jesus von Nazaret
<u>*Taufe*</u> *[4]Es geschah* *Johannes der Täufer trat in der Wüste auf* *und verkündigte Umkehr und Taufe zur Vergebung der Sünden.* *[5]Ganz Judäa und alle Einwohner Jerusalems zogen zu ihm hinaus; sie bekannten ihre Sünden und ließen sich im Jordan von ihm taufen.*	<u>*Taufe*</u> *[9]Und es geschah in jenen Tagen, es kam Jesus aus Nazaret in Galiläa und ließ sich von Johannes im Jordan taufen.* *[10]Und als er aus dem Wasser stieg, sah er, dass der Himmel sich zerriss und der Geist wie eine Taube auf ihn herabkam.* *[11]Und eine Stimme aus dem Himmel sprach: Du bist mein geliebter Sohn, an dir habe ich Gefallen gefunden.*

Wüste	*Wüste*
[6]Johannes trug ein Gewand aus Kamelhaaren und einen ledernen Gürtel um seine Hüften, und er lebte von Heuschrecken und wildem Honig.	*[12]Und sofort trieb der Geist ihn in die Wüste. [13]Dort blieb er vierzig Tage lang und wurde vom Satan versucht. Er lebte bei den wilden Tieren, und die Engel dienten ihm.*
Verkündigung	*Verkündigung*
[7]Er verkündete: Nach mir kommt einer, der ist stärker als ich; ich bin es nicht wert, mich zu bücken, um ihm die Schuhe aufzuschnüren. [8]Ich habe euch nur mit Wasser getauft, er aber wird euch mit dem Heiligen Geist taufen.	*[14]Nachdem Johannes ausgeliefert worden war, kam Jesus nach Galiläa und verkündete das Evangelium Gottes [15]und sprach: Die Zeit ist erfüllt, das Reich Gottes hat sich genaht. Kehrt um, und glaubt an das Evangelium.*

Aufbau

Im vorausgehenden Kapitel haben wir unter dem Titel „Anfang und Ende“ auf das Problem schon aufmerksam gemacht: Was für eine Funktion haben die ersten Verse des Markusevangeliums? Sind sie als Vorwort oder als Einleitung, als Vorgeschichte oder als Prolog oder als Ouvertüre zu lesen oder ganz einfach als erste Tuchfühlung mit dem ganzen Werk? Auf die Nuancierungen der verschiedenen Vorschläge möchte ich hier nicht näher eingehen. Durch den Untertitel, den ich dem jetzigen Kapitel gegeben habe, habe ich mich bereits entschieden, auch wenn gewisse Unsicherheiten bleiben; deswegen habe ich „Ouvertüre“ zwischen Anführungs- und Schlusszeichen gesetzt. Von einer Ouvertüre erwarte ich, dass sie mir Einblick gewährt in das Werk, das im Folgenden zu hören oder zu sehen sein wird, dass eine ähnliche Stimmung herrscht wie im ganzen Werk, dass Grundakkorde und Motive angeschlagen werden, die im Folgenden weiter entfaltet und vertieft werden. Was für eine Bezeichnung wir auch wählen, sicher ist, dass die Ouvertüre (oder der Prolog oder die Einführung) erst verfasst wurde, nachdem das ganze Werk – wenigstens in seinen wichtigsten Bestandteilen – bereits vorlag. Niemand komponiert eine Ouvertüre und überlegt sich erst dann, was für ein Werk er dieser Ouvertüre folgen lassen könnte. Eine Ouvertüre wird man umso besser verstehen, je besser man das Werk kennt. Umgekehrt kann die Ouvertüre helfen, mit dem Werk besser vertraut zu werden. Diese Feststellung ist sowohl für das Verständnis der Ouvertüre wichtig als auch für das Verständnis des ganzen Werkes. Darum wäre es gar nicht so abwegig, das vorliegende Kapitel erst zu lesen, nachdem man die anderen Kapitel durchgegangen ist; manches an der Ouvertüre würde so verständlicher. Andererseits stimmt auch dies: Die Ouvertüre kann helfen, das Gesamtwerk besser zu verstehen.

Zum Verhältnis Ouvertüre–Gesamtwerk hat der bekannte Neutestamentler Hans-Josef Klauck eine ganze Reihe sehr interessanter Beobachtungen zusammengetragen. Seinem Buch gab er den Titel „Vorspiel im Himmel? Erzähltechnik und Theologie im Markusprolog“ (1997). Die folgenden Ausführungen sind wesentlich diesem Buch zu verdanken.

Dem „Titel“ *Anfang des Evangeliums Jesu Christi, des Sohnes Gottes* folgt in den Versen 2–3 als Erstes eine Art „Motto“, das aus einer Kombination verschiedener alttestamentlicher Zitate besteht.

Darauf folgt ein erzählender Teil. Nach damaligem Usus beginnt er mit der Formel *es geschah*; viele Erzählungen im Alten wie im Neuen Testament beginnen mit dieser Formel.

Mit dem Beginn der Erzählung öffnet sich ein Doppeltor zum Evangelium. Man sprach auch schon von einem Diptychon. So nennt man in der Kunstgeschichte einen zweiflügeligen Altar. Auf unseren Text übertragen heißt das: Auf der einen Seite erscheint Johannes der Täufer, auf der anderen Jesus von Nazaret. Die Darstellungen auf beiden Flügeln sind völlig parallel. Die entsprechenden Stichworte sind „Taufe“, „Wüste“ (auch wenn der Ausdruck selbst im Johannes-Teil nicht vorkommt, wird Johannes doch als Wüsten-Mann vorgestellt) und „Verkündigung“. Freilich besteht ein wichtiger Unterschied zwischen einem Diptychon und dem Evangelienbeginn: Auf dem Diptychon kann man die beiden Gestalten mit ihren je eigenen Tätigkeiten nebeneinander betrachten; im Evangelium folgen sie nacheinander. Schon jetzt lässt sich sagen: Zufällig ist der Aufbau dieses Textabschnittes nicht. Hinter dieser Komposition ist die gestalterische Kraft eines Literaten und Theologen zu vermuten. Im Folgenden wollen wir den Text durchgehen. Bald schon werden wir zwei Dinge feststellen: 1. die Verse sind durch und durch vom Alten Testament beeinflusst, und 2. die bedeutendsten Themen und Motive des Evangeliums sind klar erkennbar – freilich in einer sehr konzentrierten Art und Weise.

Ein Anfang *wie geschrieben steht*

Dass am Anfang eines Buches das Wort *Anfang* steht, verleiht dem ganzen Buch eine besondere Würde. Leserinnen, die in der Bibel bewandert sind, denken unwillkürlich an das erste Wort der Bibel überhaupt: *Im Anfang schuf Gott Himmel und Erde.* Es ist, als ob der Evangelist sein Buch als „biblisches" verstanden wissen möchte. Einen ähnlichen Rückbezug auf den Anfang der Bibel finden wir zu Beginn des Johannesevangeliums: *Im Anfang war das Wort … Anfang* bedeutet nicht etwas völlig Neues, etwas bisher nie Dagewesenes. Das gilt erst recht für das Markusevangelium, wenn vom *Anfang* die Rede ist und gleich hinzugefügt wird: *Wie geschrieben steht …* Der Verweis auf die biblischen Schriften zeigt auch zu Beginn schon die Atmosphäre an, in welcher dieser Anfang und das ganze Markusevangelium zu lesen sind. Der Evangelist will als Erstes einmal sagen, dass auch dieser *Anfang des Evangeliums* in der Bibel, ja in Gott begründet ist.

Sehen wir uns dieses Zitat oder besser: diese Kombination von Zitaten etwas näher an.

> 2 *wie es bei dem Propheten Jesaja steht:*
> *Siehe, ich sende meinen Boten vor dir her;*
> *er soll den Weg für dich herrichten.*
> 3 *Stimme eines Rufenden in der Wüste:*
> *Bahnt für den Ewigen einen Weg,*
> *macht Gottes Straßen eben.*

Zwar wird das Zitat von Markus als Ganzes ausdrücklich *dem Propheten Jesaja* in den Mund gelegt. In Tat und Wahrheit ist aber erst V 3 dem Propheten Jesaja entnommen. Die beiden vorausgehenden Zeilen stammen einerseits aus Exodus 23,20, andererseits aus Maleachi 3,1. Das Buch Exodus versetzt uns in die Zeit des Auszugs aus Ägypten, gewissermaßen in die Zeit der *Anfänge* des Volkes Israel. Hier stellt Gott seinem Volk in der Wüste einen Engel oder Boten als Wegbereiter in Aussicht:

Siehe, ich sende einen Boten vor dir her,
dich auf dem Weg zu behüten
und dich an den Ort zu bringen,
den ich bestimmt habe (Ex 23,20).

Diese Verse haben einen verheißenden, in die Zukunft weisenden Klang. Sie vermögen aber das Zitat bei Mk 1,2 nicht in seiner Ganzheit zu erklären. Weiter hilft uns Mal 3,1:

Siehe, ich sende meinen Boten,
er soll den Weg für mich herrichten.
Und plötzlich kommt zu seinem Tempel der Ewige,
nach dem ihr verlangt,
und der Bote des Bundes,
den ihr herbeiwünscht.
Siehe, er kommt, spricht Gott der Heere.

Wenn wir bei Maleachi weiterlesen, wird sich zeigen, dass der Ewige zum Gericht kommt:

Doch wer erträgt den Tag, an dem er kommt?
Wer kann bestehen, wenn er erscheint?
Denn er ist wie das Feuer im Schmelzofen
und wie die Lauge im Waschtrog ...
... Ich komme herbei, um euch zu richten ... (Mal 3,2–5).

Am Ende des Kapitels wird der Bote aus Mal 3,1 dem Propheten Elija gleichgesetzt, der kommen und sein prophetisches Werk vollenden wird, *bevor der große und furchtbare Tag des Ewigen kommt:*

> *Bevor aber der Tag des Ewigen kommt, der große und furchtbare Tag, seht, da sende ich zu euch den Propheten Elija.*
> *Er wird das Herz der Väter wieder den Söhnen zuwenden und das Herz der Söhne ihren Vätern,*
> *damit ich nicht kommen und das Land dem Untergang weihen muss* (Mal 3,23–24).

Diese beiden Zitate erweisen sich als spannende Kombination. Das eine (Exodus) spricht vom Anfang der Befreiung, vom Anfang des Volkes Gottes, das andere (Maleachi) spricht vom Gericht, das bevorsteht. Damit aber nicht genug. Der Evangelist will diese Zitate noch stärker in den Zusammenhang des *Anfangs des Evangeliums* stellen. Es sind zwar nur kleine Modifikationen, die er anbringt, doch ihre Wirkungen sind bedeutend. In Ex 23,20 wird der Wegbegleiter verheißen, der dem Volk Israel vorausgehen soll; bei Markus ist es nun nicht mehr eine Verheißung an das Volk Israel, sondern eine Verheißung für den Messias und Gottessohn Jesus. Das heißt: Das *dir* bezieht sich bei Markus nicht mehr auf das Volk, sondern auf Jesus. Die Rolle des Boten als Wegbereiter, die im Maleachi-Text dem Propheten Elija übertragen war, übernimmt im Markus-Text Johannes der Täufer. Darum ändert Markus die Aussage *er soll den Weg für mich herrichten* (das *mich* bezieht sich auf Gott) um in die Aussage *er soll den Weg für dich herrichten,* wobei sich das *dich* auf den Messias und Gottessohn Jesus bezieht.

Der Evangelist Markus ist in der Bibel gut bewandert. Sein Umgang mit der Bibel scheint uns allerdings etwas eigenwillig zu sein. Der mögliche Einwand, Markus würde mit der Bibel so lange jonglieren, bis die christliche Aussage steht, greift indessen zu kurz. Es war der *Glaube* an den *Messias* und *Gottessohn* Jesus, der dem Evangelisten ganz neue Augen und eine ganz neue Wahrnehmung der Wirklichkeit verlieh – der eigenen Wirklichkeit wie auch der biblischen.

Der Rufende

Damit ist aber das „Motto“ des Prologs oder auch „der Prolog des Prologs“ noch nicht zu Ende erklärt. Wir müssen uns noch mit jenem Zitat auseinander setzen, das wirklich auf den „Propheten Jesaja“ zurückgeht, genauer gesagt auf den so genannten Deuterojesaja (= Zweiter Jesaja). Dieser Prophet hat in der Exegese wahrscheinlich darum diesen Kunstnamen erhalten, weil er erstens ganz auf dem Boden des Propheten Jesaja zu stehen scheint, der in der zweiten Hälfte des 8. Jahrhunderts v. Chr. gelebt und gewirkt hat, und zweitens, weil wir es hier höchstwahrscheinlich nicht mit einem Individuum, sondern mit einem Kollektiv, einer Gruppe von Propheten zu tun haben. Deuterojesaja – im Folgenden sprechen wir weiterhin von Deuterojesaja in der Einzahl – lebte und wirkte gegen Ende des Babylonischen Exils (6. Jahrhundert v. Chr.) und schlug völlig neue Töne an. Das Exil war für ihn nicht bloß Katastrophe und Strafe, er sah darin auch eine Chance, die Chance der Umkehr – nicht im Sinn einer Rückkehr zum Alten, sondern im Sinn eines Neubeginns, eines Aufbruchs. Auffallend oft klingen darum Themen an, wie wir sie im Buch Exodus finden. Lesen wir die ersten Verse des Zweiten Jesaja.

> 1 *Tröstet, tröstet mein Volk, spricht euer Gott.*
> 2 *Redet Jerusalem zu Herzen und verkündet der Stadt,*
> *dass ihr Frondienst zu Ende geht, dass ihre Schuld beglichen ist;*
> *denn sie hat die volle Strafe erlitten von der Hand JHWHs für all ihre Sünden.*
> 3 *Eine Stimme ruft: in der Wüste bahnt für JHWH einen Weg!*
> *Baut in der Steppe eine ebene Straße für unseren Gott!*
> 4 *Jedes Tal soll sich heben, jeder Berg und Hügel sich senken.*
> *Was krumm ist, soll gerade werden, und was hüglig ist, werde eben.*
> 5 *Dann offenbart sich die Herrlichkeit JHWHs,*
> *alle Sterblichen werden sie sehen.*
> *Ja, der Mund JHWHs hat gesprochen.*
> 6 *Eine Stimme sagte: Verkünde! Ich fragte: Was soll ich verkünden?*
> *Alles Sterbliche ist wie das Gras,*
> *und all seine Schönheit ist wie die Blume auf dem Feld.*
> 7 *Das Gras verdorrt, die Blume verwelkt,*
> *wenn der Atem JHWHs darüberweht.*
> *Wahrhaftig, Gras ist das Volk.*
> 8 *Das Gras verdorrt, die Blume verwelkt,*
> *doch das Wort unseres Gottes bleibt in Ewigkeit.*
> 9 *Steig auf einen hohen Berg, Zion, du Botin der Freude!*
> *Erheb deine Stimme mit Macht, Jerusalem, du Botin der Freude!*
> *Erheb deine Stimme, fürchte dich nicht!*
> *Sag den Städten in Juda: Seht, da ist euer Gott.*
> 10 *Seht, Gott JHWH kommt mit Macht, er herrscht mit starkem Arm.*

Seht, er bringt seinen Siegespreis mit:
Alle, die er gewonnen hat, gehen vor ihm her.
[11]*Wie ein Hirt führt er seine Herde zur Weide,*
er sammelt sie mit starker Hand.
Die Lämmer trägt er auf dem Arm,
die Mutterschafe führt er behutsam ... (Jes 40,1–11).

Eine Fülle von Themen klingt hier an, die nicht nur für Deuterojesaja, sondern auch für das Markusevangelium und besonders für seine ersten Verse von Bedeutung sind. Hier nur einige Hinweise:

- Der ganze Abschnitt ist von einem Verkündigungs-Ton getragen, und entsprechend oft finden sich auch Ausdrücke, die um das Verkündigungs-Geschehen kreisen: Trösten, zureden, zu Herzen reden, verkündigen, eine rufende Stimme, der Mund JHWHs spricht, das Wort Gottes bleibt, die Stimme mit Macht erheben, den Städten zurufen; zweimal ist von der *Botin der Freude* die Rede, wobei in der griechischen Übersetzung ein Ausdruck gebraucht wird, eu-angelizesthai, aus dem man das Wort „Evangelium“ deutlich heraushört.
- Das Alte geht zu Ende und Neues wird in Aussicht gestellt: Der Frondienst geht zu Ende, die Schuld ist beglichen; Täler sollen sich heben und Hügel sich senken; die Herrlichkeit JHWHs offenbart sich; das Gras verdorrt, das Wort Gottes bleibt bestehen; Gott ist im Kommen und bringt den Siegespreis; er führt die Herde zur Weide und sammelt sie mit starker Hand.
- Gut herauszuhören ist das Kommen Gottes und dass er seine Herrschaft antreten werde.

All diese Themen, die hier anklingen, sind mitzuhören, wenn wir uns jetzt dem Vers zuwenden, an den Mk 1,3 eigens erinnert. In der hebräischen Bibel lautet der Vers in Jes 40,3 so:

Eine Stimme ruft: in der Wüste bahnt einen Weg für JHWH!
Baut in der Steppe eine ebene Straße für unseren Gott!

Die Vorstellung aus dem Zusammenhang ist die: Es soll durch die Wüste eine Straße angelegt werden, die vom Exil in Babylon bis in die Heimat führt, damit sie Gott an der Spitze seines heimkehrenden Volkes beschreiten kann. Woher die Stimme kommt, wer da ruft und für wen die Stimme gilt, ist nicht näher gesagt.

Wahrscheinlich folgte Markus der Septuaginta-Version, d. h. der griechischen Übersetzung des Alten Testaments, wenn er schreibt:

3 *Stimme eines Rufenden in der Wüste:*
Bereitet den Weg des Herrn,
macht gerade seine Straßen.

Es ist jetzt nicht mehr eine Stimme, die ruft; die Stimme, die jetzt zu vernehmen ist, gehört einem *Rufenden*, also einer Person, die sich in der Wüste befindet. Im Folgenden (Mk 1,4ff) wird sich zeigen, dass der Rufende kein anderer sein kann als Johannes, der in der Wüste die Taufe der Umkehr zur Vergebung der Sünden verkündet. Die Leute, an die er seine Stimme richtet, sind die Menschen aus ganz Judäa und alle Einwohner Jerusalems, die zu ihm hinauszogen, ihre Sünden bekannten und sich im Jordan von ihm taufen ließen. Diese Leute sind es, die von Johannes aufgefordert werden, die Straßen zu bauen und die entsprechenden Begradigungs- und Planierungsarbeiten vorzunehmen. Für wen? Lesen wir den hebräischen Text, ist es klar: für JHWH. Die Septuaginta übersetzt das unaussprechliche JHWH meist mit *Kyrios*, was wir unsererseits im Deutschen mit *Herr* übersetzen – nicht sehr glücklich, weil *Kyrios* im Griechischen viel mehr bedeutet, als wir mit dem deutschen *Herr* wiedergeben können. Im Zusammenhang des Markustextes bezieht sich der *Herr* nicht mehr auf Gott, sondern auf Jesus, den Messias und Gottessohn.

Das Prophetengeschick

Auch das nun folgende Diptychon, das Auftreten des Täufers und das Auftreten Jesu, ist ganz im Ersten Testament verankert. Nach dem eher versteckten Hinweis auf Elija in Mk 1,2 überrascht auch die Charakterisierung des Täufers in Mk 1,6 nicht mehr. Sein Auftreten als Wüstenheiliger erinnert doch sehr an das Auftreten des Elija, der nach 2Kön 1,8 *einen zottigen Mantel und einen ledernen Gürtel um seine Hüften* trug. Vergessen wir nicht, dass nach Mal 3,1 Elija als letzter Bote unmittelbar Gott selbst vorausgehen sollte und dass auch sonst in den Evangelien Johannes der Täufer in der Rolle des Elija gesehen, ja mit ihm sogar identifiziert wird. Das Markusevangelium selbst weist in diese Richtung, wenn es nach der Verklärung Jesu folgendes Gespräch zwischen Jesus und den Seinen überliefert:

> *Während sie den Berg hinabstiegen, verbot er ihnen, irgendjemand zu erzählen, was sie gesehen hatten, bis der Menschensohn von den Toten auferstanden sei.*

> *Dieses Wort beschäftigte sie, und sie fragten einander, was das sei: von den Toten auferstehen. Da fragten sie ihn: Warum sagen die Schriftgelehrten, zuerst müsse Elija kommen?*
> *Er antwortete: Ja, Elija kommt zuerst und stellt alles wieder her. Aber warum heißt es dann vom Menschensohn in der Schrift, er werde viel leiden müssen und verachtet werden? Ich sage euch: Elija ist schon gekommen, doch sie haben mit ihm gemacht, was sie wollten, wie es in der Schrift steht* (Mk 9,9–13).

Offensichtlich ist es nicht nur die Überzeugung der Schriftgelehrten, dass Elija zuerst kommen müsse. Nach der Überzeugung des markinischen Jesus ist Elija bereits gekommen, und wenn man in Mk 6,17–29 nachliest, wie Johannes zu Tode gebracht worden ist, kann man durchaus sagen, dass sie mit ihm *gemacht haben, was sie wollten*. Nicht umsonst wird bereits von Anfang an das Wirken Jesu mit demjenigen des Johannes in Verbindung gebracht (vgl. 1,14).

Der Evangelist Matthäus, der für die Verklärungserzählung und das anschließende Gespräch zwischen Jesus und den Jüngern im Wesentlichen der Markusvorlage folgt, schafft die letzten Unsicherheiten weg, wenn er das Gespräch so schließen lässt:

> *Ich sage euch aber: Elija ist schon gekommen, doch sie haben ihn nicht erkannt, sondern mit ihm gemacht, was sie wollten. Ebenso wird auch der Menschensohn durch sie leiden müssen.*
> *Da verstanden die Jüngerinnen und Jünger, dass er von Johannes dem Täufer sprach* (Mt 17,12–13).

Die Schicksale der drei Propheten – Elija, Johannes, Jesus – werden hier noch deutlicher in Parallele gesetzt, und die Identifizierung des Täufers mit Elija ist klar zum Ausdruck gebracht.

Die Taufe Jesu

Es ist wichtig, auch die folgenden Verse sowohl auf dem Hintergrund des Alten Testaments als auch im Zusammenhang des Markusevangeliums zu lesen.

Das Verb *taufen* sollten wir nicht von der christlichen Taufpraxis her bestimmen. Außerhalb der Erzählung von der Taufe Jesu finden wir es im Markusevangelium noch an einer Stelle, die auf den ersten Blick mit unserem Text gar nichts zu tun hat. Nach der dritten Leidens- und Auferstehungsankündigung (Mk 10,32–34) heißt es:

> [35]*Da traten Jakobus und Johannes, die Söhne des Zebedäus, zu ihm und sagten: Meister, wir möchten, dass du uns eine Bitte erfüllst.*
> [36]*Er antwortete: Was soll ich für euch tun?*
> [37]*Sie sagten zu ihm: Lass in deinem Reich einen von uns rechts und den andern links neben dir sitzen.*
> [38]*Jesus erwiderte: Ihr wisst nicht, um was ihr bittet. Könnt ihr den Kelch trinken, den ich trinke, oder die Taufe auf euch nehmen, mit der ich getauft werde?*
> [39]*Sie antworteten: Wir können es.*
> *Da sagte Jesus zu ihnen: Ihr werdet den Kelch trinken, den ich trinke, und die Taufe empfangen, mit der ich getauft werde.*
> [40]*Doch den Platz zu meiner Rechten und zu meiner Linken habe nicht ich zu vergeben; dort werden die sitzen, für die diese Plätze bestimmt sind.*
> [41]*Als die zehn anderen das hörten, wurden sie sehr ärgerlich über Jakobus und Johannes* (Mk 10,35–41).

Bemerkenswert ist, dass der Kelch und die Taufe parallel gesehen werden. In der Bibel steht der *Kelch* oder der *Becher* nicht selten für das Geschick, und zwar im guten wie auch im bösen Sinn. An unserer Stelle, Mk 10,38–39, wird das Letztere gemeint sein: das leidvolle Geschick, das jemand zu gewärtigen hat. So bittet Jesus im Garten Getsemani, *dass der Kelch an ihm vorüber gehen möge* (Mk 14,36).

Taufen (griechisch *baptizein, baptizesthai*) bedeutet zuerst untertauchen, untergehen, ertrinken. In den Psalmen finden wir das Bild von Betenden, die von Wassern überflutet werden oder denen die Wasser schon bis zum Hals reichen (Ps 42,8; 69,2f). In Jes 21,4 lesen wir: *Die Ungerechtigkeit tauft* (= überflutet) *mich*. In Lk 12,20 sagt Jesus:

> *Mit einer Taufe muss ich getauft werden, und wie sehr bin ich bedrückt, bis sie vollzogen ist.*

Die Interpreten sind sich einig, dass hier Jesus von seinem Leiden und Sterben spricht. Paulus sagt in Röm 6,3–5 von der Taufe, dass sie ins Sterben Jesu hineinnimmt und an seinem künftigen Leben Anteil gibt.

Wahrscheinlich ist das Jesuswort in Mk 10,38 erst nachträglich durch die Verse 39f erweitert worden. Apg 12,2 erzählt, dass Jakobus den Martyrertod gestorben ist (vom Martyrium des Johannes wissen wir nichts). Das Wissen um den Martyrertod des Jakobus wird es wohl gewesen sein, das Markus die beiden so sicher antworten ließ: *Wir können es*.

Dass wir die Taufe Jesu mit seinem Tod in Zusammenhang bringen können oder gar müssen, geht auch noch aus weiteren Beobachtungen hervor.

Der zerrissene Himmel

Der Evangelist Markus berichtet uns nicht nur das Faktum der Taufe Jesu. Das Geschehen selbst ist vor allem der Anlass für eine großartige Vision und für eine ebenso großartige Audition. Beide sind nur für Jesus bestimmt:

> *Und als er aus dem Wasser stieg,*
> *sah er die Himmel sich zerreißen*
> *und den Geist wie eine Taube auf ihn herabkommen* (Mk 1,10).

Bei Deutero- bzw. Tritojesaja (Jes 63,7–64,3) finden wir ein langes und eindrückliches Gebet in Form eines Klageliedes. In dieses Lied haben viele Klagen, Traurigkeiten, Hoffnungslosigkeiten und Resignationen Eingang gefunden, aber auch kleine Funken von Hoffnung und Zuversicht. Auf dem Höhepunkt des Liedes hört man den Ruf:

> *O dass du doch den Himmel zerrissest und herabführest …*

Unser Adventslied „O Heiland reiß die Himmel auf" ist wesentlich von diesem Psalm inspiriert. Lesen wir einige Verse weiter:

> *Sie* (die Israeliten) *aber lehnten sich gegen ihn* (Gott) *auf und betrübten seinen heiligen Geist. Da wandelte er sich und wurde ihr Feind, ja, er führte Krieg gegen sie* (Jes 63,10).
> *Blick vom Himmel herab, und sieh her von deiner heiligen, herrlichen Wohnung! Wo ist dein leidenschaftlicher Eifer und deine Macht, dein großes Mitleid und dein Erbarmen? Halte dich nicht von uns fern!* (63,15).
> *Warum lässt du, JHWH, uns von deinen Wegen abirren und machst unser Herz hart, so dass wir dich nicht mehr fürchten?*

Kehre zurück um deiner Knechte und Mägde willen, um der Stämme willen, die dein Eigentum sind (63,17).
Uns geht es, als wärest du nie unser Herrscher gewesen, als wären wir nicht nach deinem Namen benannt. Reiß doch den Himmel auf, und komm herab, so dass die Berge zittern vor dir (63,19).

Es ist, als wenn bei der Taufe Jesu, genauer bei seinem Aufsteigen aus dem Wasser die Kommunikation zwischen dem Himmel und der Erde (wieder) hergestellt wird, dass nach jahrelanger Abwesenheit Gottes, nach Jahren der Irrungen und Wirrungen, Verhärtungen und Entfremdungen, Feindschaft und Krieg Gott wieder zurückkehrt und sein *leidenschaftlicher Eifer*, seine *Macht* und sein *großes Mitleid* wieder erwacht sind.

Dass sich der Himmel auftut, finden wir auch in anderen alttestamentlichen Schriften, so in der Berufungsvision des Propheten Ezechiel (1,1). Aus dem Ersten Testament kennen wir auch das Motiv vom Kommen des Geistes über den Erwählten Gottes, so über David in 1Sam 16,13, über den gerechten König in Jes 11,2, über den Propheten in Jes 61,1.

Wenn Jesus den Geist *wie eine Taube* auf sich herabschweben sieht, hat das vor dem biblischen und altorientalischen Hintergrund wieder seine besondere Bewandtnis, galt doch die Taube seit jeher als Liebesbotin Gottes, die nicht nur das Freundliche, Friedliche, Arglose und Reine zum Ausdruck bringt, sondern ebenso sehr das Leidenschaftliche, Stürmische und Verliebte; man lese dazu die einschlägigen Stellen im Hohelied der Liebe 1,15; 2,12.14; 4,1; 5,2.12; 6,9!

Dem Verb *zerreißen* werden wir im Markusevangelium noch ein weiteres Mal begegnen, und zwar im Zusammenhang mit dem Tode Jesu. In Mk 15,37–38 heißt es:

> *Jesus aber stieß einen lauten Schrei aus und verschied.*
> *Da zerriss der Vorhang im Tempel von oben bis unten entzwei.*

Mit dem *Vorhang im Tempel* ist jener Vorhang gemeint, der das Allerheiligste, d. h. die eigentliche Wohnstätte Gottes, vom übrigen Tempel, d. h. vom Aufenthaltsort der Priester, der jüdischen Männer, der Frauen und der so genannten Heiden abgrenzte. Als Einziger durfte der Hohepriester einmal im Jahr, am Großen Versöhnungstag, das Allerheiligste betreten, um dort die Sühneriten zu vollziehen (vgl. Lev 16). Wenn dieser Vorhang, der auch *der verhüllende Vorhang* genannt wurde (Ex 35,12; 40,21; Num 4,5), beim Tode Jesu zerreißt, bedeutet das, dass im Tod Jesu Gott selbst unverhüllt für alle Menschen sichtbar wird. Es wird deutlich: Das Zerreißen der Himmel und das Zerreißen des Tempelvorhangs haben etwas miteinander zu tun: Sie ermöglichen den unmittelbaren Austausch zwischen Gott und den Menschen. In dem Sinn lässt sich sagen: Der zerrissene Himmel ist so etwas wie die szenische Vorbereitung auf das Zerreißen des Tempelvorhangs: Durch Jesu Tod haben alle Menschen Zugang zum unverhüllten, ja entfesselten Gott.

Die Stimme

Die Stimme, die von den Himmeln her *geschieht*, lautet:

Du bist mein geliebter Sohn, an dir habe ich Gefallen gefunden (Mk 1,11).

Auch hier handelt es sich um ein Zitat, genauer gesagt um ein Mischzitat. Drei Stellen aus dem Ersten Testament kommen hier ins Spiel.

1. Die Stimme aus dem Himmel erinnert zuerst einmal an Psalm 2. Dieser Psalm gehört zu den so genannten Königspsalmen. Die Wendung in V 7 ist ein Wort Gottes an den König anlässlich dessen Inthronisation:

Mein Sohn bist du, ich habe dich heute gezeugt.

Die Inthronisation war gleichzeitig der Rechtsakt der Adoption des Königs durch Gott. In Mk 1,11 wird allerdings der zweite Teil des Verses – *ich habe dich heute gezeugt* – weggelassen. Auch die Wortstellung ist eine andere. Heißt es im Psalm *Mein Sohn bist du*, heißt es bei Markus *Du bist mein Sohn*. Der Akzent liegt auf dem Angesprochenen; in Mk 1,11 ist es Jesus von Nazaret.

Wichtig ist: Die Bezeichnung *Sohn, mein Sohn, Sohn Gottes* hat vom Ersten Testament (und auch von der altorientalischen Umwelt) her einen königlichen Klang.

2. In der Himmelsstimme gibt sich aber auch noch ein anderes Wort zu erkennen: ... *an dir habe ich Gefallen gefunden*. Bei dieser Wendung denken wir fast unwillkürlich an das Erste Gottesknechtlied aus Deuterojesaja (Jes 42,1–4), das so beginnt:

Seht, das ist mein Knecht, den ich stütze;
das ist mein Erwählter, an dem ich Gefallen finde.
Ich habe meinen Geist auf ihn gelegt,
er bringt den Völkern das Recht ...

Vom Buch Deuterojesaja haben wir bereits gesprochen. Es ist ein Buch, das zur Zeit oder gegen Ende des babylonischen Exils (586–538) geschrieben wurde, ein Buch voller Hoffnung, Trost und Zärtlichkeit. Es ist jenes Buch, das für die ersten Christinnen und Christen zur Interpretation des Lebens Jesu, seines Sterbens und Auferstehens die bedeutendste Rolle spielte, auch wenn mit dem *Knecht Gottes* zuerst einmal das ganze gottesfürchtige Volk Israel gemeint war. Wir wissen aber auch, dass solche und ähnliche Begriffe wie zum Beispiel *Menschensohn* oder *Messias* sowohl eine individuelle als auch eine kollektive Bedeutung annehmen konnten. Die Bezeichnung *Knecht* im Buch Deuterojesaja hat mit Sklavenhalterei nichts zu tun. Es ist damit eher ein Vertrauter gemeint, einer, der weiß, was sein Herr will und was seine Absicht ist. Einer auch, dem der Herr ganz vertrauen kann. Einer auch, der dem Herrn zur Hand geht. Ein solcher Knecht ist dem Herrn wie ein Sohn.

Das Erste Gottesknechtlied passt darum so gut zur Himmelsstimme, weil ausdrücklich vom Geist die Rede ist: *Ich habe meinen Geist auf ihn gelegt.* In diesem Sinn ist in den Weisheitsschriften vom *Gerechten* die Rede; er ist der Knecht und zugleich der *Sohn Gottes*. Der Gerechte ist für die Frevler oft eine Herausforderung, ein Vorwurf an ihr eigenes ungerechtes Tun. Darum verschwören sie sich gegen den Gerechten. Hier ein Text aus dem Buch der Weisheit:

Lasst uns dem Gerechten auflauern! Er ist uns unbequem und steht unserem Tun im Weg. Er wirft uns Vergehen gegen das Gesetz vor und beschuldigt uns des Verrats an unserer Erziehung. Er rühmt sich, die Erkenntnis Gottes zu besitzen, und nennt sich einen Knecht des Herrn …
Als falsche Münze gelten wir ihm; von unseren Wegen hält er sich fern wie von Unrat. Das Ende der Gerechten preist er glücklich und prahlt, Gott sei sein Vater. Wir wollen sehen, ob seine Worte wahr sind, und prüfen, wie es mit ihm ausgeht. Ist der Gerechte wirklich Sohn Gottes, dann nimmt sich Gott seiner an und entreißt ihn der Hand seiner Gegner (Weish 2,12–18).

Dass dieser Text in unserem Zusammenhang auch in Betracht gezogen werden darf, legt uns die herabsteigende Taube nahe; Philo von Alexandrien, ein berühmter jüdischer Theologe aus dem ersten nachchristlichen Jahrhundert, bringt die Taube mit der göttlichen Weisheit in Verbindung.

3. Damit ist aber über die Himmelsstimme noch nicht alles gesagt. Es fehlt noch die nähere Bestimmung des Sohnes als *geliebter*: *Du bist mein geliebter Sohn, an dir habe ich Gefallen gefunden.* Da sind wir an ein Wort verwiesen, das im Ersten Testament von Gott an Abraham ergangen ist:

Nimm deinen Sohn, deinen einzigen, den du lieb hast, Isaak, geh in das Land Morija, und bring ihn dort auf einem der Berge, den ich dir nenne, als Brandopfer dar (Gen 22,2).

Wir wollen jetzt nicht die ganze Erzählung aus Gen 22 wiedergeben. Auf alle Fälle sind wir berechtigt, an das Schicksal Isaaks zu denken, wenn die Stimme aus dem Himmel sagt: *Du bist mein geliebter Sohn …* Der geliebte Sohn ist nicht ein Hätschelkind; Gott hat etwas ganz Besonderes vor, bei dem ihm der geliebte Sohn zur Hand gehen wird ...

Die Versuchung

Ohne Überleitung, ja geradezu abrupt schließt sich im Markusevangelium an die Tauferzählung folgende Szene an:

> *Und sofort trieb der Geist ihn in die Wüste. Dort blieb er vierzig Tage lang und wurde vom Satan versucht. Er lebte bei den wilden Tieren und die Engel dienten ihm* (Mk 1,12–13).

Der Wüstenatmosphäre sind wir im Vorausgehenden bereits begegnet (vgl. Mk 1,3.4.6). In Dtn 8,2–4 erinnert Mose das Volk Israel an den Wüstenaufenthalt mit diesen Worten:

> *Du sollst an den ganzen Weg denken, den JHWH, dein Gott, dich während dieser vierzig Jahre in der Wüste geführt hat, um dich gefügig zu machen und dich zu prüfen. Er wollte erkennen, wie du dich entscheiden würdest: ob du auf seine Gebote achtest oder nicht. Durch Hunger hat er dich gefügig gemacht und hat dich dann mit dem Manna gespeist, das du nicht kanntest und das auch deine Väter nicht kannten. Er wollte dich erkennen lassen, dass der Mensch nicht nur von Brot lebt, sondern dass der Mensch von allem lebt, was der Mund JHWHs spricht. Deine Kleider sind dir nicht in Lumpen vom Leib gefallen, und dein Fuß ist nicht geschwollen, diese vierzig Jahre lang.*

Die Wüste als Ort der Bedrohung, als Ort der Bewährung, aber auch als Ort der Nähe Gottes.

Auch die Zahl *vierzig*, seien es nun Jahre oder Tage, hat in der Geschichte Israels eine lange Tradition. Die Gestalt *Satans* hingegen tritt in der theologischen Entwicklung Israels verhältnismäßig spät auf. Er hat die Aufgabe, Menschen auf ihre Glaubensfestigkeit und Glaubenstreue zu erproben (vgl. dazu das Buch Ijob).

Der letzte Vers aus dem oben angeführten Deuteronomium-Text erinnert an ein bekanntes Vertrauenslied:

> *Denn er befiehlt seinen Engeln, dich zu behüten auf all deinen Wegen. Sie tragen dich auf ihren Händen, damit dein Fuß nicht an einen Stein stößt; du schreitest über Löwen und Nattern, trittst auf Löwen und Drachen* (Ps 91,11–13).

Die Zusage geht an Israel; ihrer Erfüllung sind wir bereits im Motto zu Beginn des Markusevangeliums (Mk 1,2) begegnet; in Ex 23,20 lautete sie so:

> *Siehe, ich sende einen Boten vor dir her,*
> *dich auf dem Weg zu behüten*
> *und dich an den Ort zu bringen,*
> *den ich bestimmt habe.*

Selbst dieser kleine Abschnitt Mk 1,12–13 ist voller Hinweise auf das Alte Testament. Und doch wollen wir noch einmal auf die abrupte Überleitung zurückkommen, die die Tauf- mit der Versuchungsszene verbindet. Hier treffen wir nämlich auf etwas, das typisch für den Evangelisten sein dürfte. Es ist, als ob er es nicht über sich brächte, das Bekenntnis zum *Sohn Gottes* einfach so stehen zu lassen. Er ist sich bewusst, dass dieser Titel seinen Leserinnen und Lesern mehr Schwierigkeiten macht, als dass er ihnen weiterhilft. Es kommt doch alles darauf an, was diese unter „Gott“ verstehen, und es kommt doch alles darauf an, in welchem Sinn dieser Jesus „Sohn Gottes“ genannt werden darf – nannte sich der Kaiser in Rom nicht auch Sohn Gottes? Was, wenn Messiasgläubige für ihren Sohn Gottes das Maß am Kaiser in Rom nähmen? Keiner der Evangelisten hat die Gottessohnschaft Jesu derart problematisiert wie Markus. Auf diesen Sachverhalt werden wir im Laufe der Lektüre immer wieder stoßen. Es muss zu denken geben, dass es vor allem die unreinen Geister sind, die Jesus als „Sohn Gottes“ anreden; sie werden umgehend zum Schweigen gebracht (Mk 3,11; 5,7). Verunsichert sind die Leserinnen und Leser aber auch, wenn diese Stimme vom Himmel kommt, wie bei der Taufe Jesu; denn kaum ist diese Stimme verhallt, *treibt der Geist Jesus in die Wüste, wo er vierzig Tage lang vom Satan versucht wird.* Als dann die Himmelsstimme ein zweites Mal erschallt, nämlich bei der Verklärung Jesu – *dieser ist mein geliebter Sohn, ihn sollt ihr hören* – fährt Markus ebenso abrupt fort: ... *und als sie* (die Jünger) *sich umblickten, sahen sie auf einmal niemand mehr bei sich, außer Jesus allein* (Mk 9,2–8). Es ist, als ob der Evangelist es den Jüngern – und damit auch den Leserinnen – nicht gestatte, bei diesem „Sohn Gottes“ auch nur einen Augenblick lang zu verweilen.

Es gibt nur eine Stelle, in der der Titel „Sohn Gottes“ gebraucht wird, ohne dass der Evangelist sich Sorgen machen muss, dass er falsch verstanden wird: beim Tod Jesu. Dort heißt es:

> *Als der Hauptmann, der Jesus gegenüberstand, ihn auf diese Weise sterben sah, sagte er: Wahrhaftig, dieser Mensch war Gottes Sohn* (Mk 15,39).

Für den Evangelisten stimmt das Bekenntnis zu Jesus als dem Sohn Gottes erst jetzt.

Fassen wir zusammen. Was in diesen wenigen Versen der Ouvertüre des Markusevangeliums an Themen und Hinweisen, Akkorden und Motiven angeschlagen wird, ist ganz einfach umwerfend, und wir dürfen sicher sein, dass wir im Vorausgehenden noch lange nicht alles erwähnt haben, was zu erwähnen wäre. Fast kann man den Eindruck haben, dass nach dieser Ouvertüre das kommende Werk kaum noch eines Kommentars bedarf. Viele der Themen werden uns vertraut vorkommen.

Die Herrschaft Gottes ist nahe herangekommen (Mk 1,15)

Spuren

Der Übergang von der Ouvertüre zum Hauptteil des Evangeliums (Mk 1,14–15) lautet wie folgt:

> 14 *Nachdem Johannes überliefert worden war,*
> *kam Jesus nach Galiläa und verkündete das Evangelium Gottes,*
> *indem er sagte:*
> 15 *Die Zeit ist erfüllt,*
> *die Herrschaft Gottes ist nahe herangekommen.*
> *Kehrt um und glaubt an das Evangelium.*

Auf die Verbindung des Auftretens Jesu mit dem Geschick des Täufers – genauer: seiner *Überlieferung* in den Tod – wurden wir bereits aufmerksam. Dass Jesus mit seiner Predigttätigkeit in *Galiläa* begonnen hat, ist historisch gesicherte Reminiszenz. Zwar ist Galiläa bereits in V 9 erwähnt worden: Jesus kam von Nazaret in Galiläa und wurde von Johannes in den Jordan hinein getauft. Jetzt aber handelt es sich um das bewusste Auftreten Jesu als *Verkünder* des *Evangeliums*. Galiläa erhält hier ein größeres Gewicht. Die Vermutung ist nicht neu, dass Galiläa nicht nur eine geografische, sondern auch eine theologische Größe ist, besonders dann, wenn es Jerusalem gegenübergestellt wird.

Galiläa und Jerusalem

Auf Galiläa werden wir im letzten Kapitel näher eingehen; hier vorläufig nur so viel: *Kann denn aus Nazaret etwas Gutes kommen?* fragt Natanael im Johannesevangelium (Joh 1,46). Die Hohenpriester, Ratsherren und Pharisäer desselben Evangeliums geben Nikodemus zu bedenken: *Forsche nach und du wirst sehen, dass aus Galiläa kein Prophet ersteht* (Joh 7,52). Nichtbiblische Quellen bestätigen das. Aus Galiläa ist nicht nur kein Prophet, von dort ist überhaupt nichts Vernünftiges zu erwarten.

Und Jerusalem? Eigentlich wäre ja Jerusalem die privilegierte Stadt, die Königsstadt, die heilige Stadt, die Stadt mit dem einzigen und auch einzigartigen Tempel, *dem Ort, den Gott erwählt hat, um daselbst seinen Namen wohnen zu lassen,* wie alttestamentliche Geschichtsschreiber gerne sagen (Dtn 12,11; 14,23; 16,2.6.11; 26,2; Neh 1,9). Leute aus Jerusalem kommen im Markusevangelium das erste Mal in Mk 3,8 ins Blickfeld, wo sie zusammen mit vielen anderen aufgezählt werden, mit Leuten aus Galiläa und Judäa und Idumäa, mit Leuten von jenseits des Jordan sowie aus der Gegend von Tyrus und Sidon. Mag sein, dass Markus die Erwähnung von Jerusalem in seiner Quelle gelesen hat, denn sonst, so müsste man jetzt in Abwandlung jenes anderen Wortes sagen, ist von Jerusalem auch nichts Gutes zu erwarten. In Mk 3,22 kamen Schriftgelehrte von Jerusalem herunter, die behaupteten: *Er* (Jesus) *hat den Beelzebul, und durch den obersten der Dämonen treibt er die Dämonen aus.* Ähnlich in Mk 7,1: Zu den Pharisäern, die sich um Jesus versammelten, gesellten sich *einige Schriftgelehrte, die aus Jerusalem gekommen waren.* Sie hielten Jesus vor, dass seine Jünger und Jüngerinnen nicht nach der Überlieferung der Alten wandelten.

Im Jerusalem zur Zeit Jesu versammelte sich alles, was wirtschaftlich, politisch und religiös Rang und Namen und Einfluss hatte. Dort stand der Tempel. Gewiss war er der *Ort, an dem Gott seinen Namen wohnen lässt*; er war aber auch das wirtschaftliche Zentrum, gewissermaßen die Zentralbank Palästinas. Dort wurden die Schuldscheine aufbewahrt, dort wurden die großen finanziellen Transaktionen getätigt. Die Oberaufsicht über den Tempel lag bei den Sadduzäern, einer Art Priesteraristokratie, die nicht nur die Tempelliturgie, sondern eben auch die Wirtschaft und Politik des Landes kontrollierten. Deswegen waren sie darauf bedacht, bei der römischen Besatzungsmacht gut dazustehen, die sie als Garanten für „Ruhe und Ordnung“ anerkannten. Für die Ideologie des römischen Imperiums waren sie durchaus offen, solange die ungestörte Religionsausübung gewährleistet war, und was „ungestörte Religionsausübung“ war, bestimmten weitgehend sie selbst. Der „Hohe Rat“ in Jerusalem, die oberste religiöse Behörde, war ebenfalls von Sadduzäern dominiert. Eine weitere Fraktion in diesem Gremium waren die pharisäisch eingestellten Schriftgelehrten. Die beiden oben angeführten Stellen Mk 3,22 und 7,1 unterstreichen auch ihre Verantwortung für die richtige Religionsausübung, und entsprechend beaufsichtigten und beargwöhnten sie alles, was im Lande und besonders in den einzelnen Synagogen in religiösen Angelegenheiten vor sich ging. Im Unterschied zu den Sadduzäern waren die Schriftgelehrten zusammen mit den Pharisäern, die sich als Laienbruderschaft verstanden, mehr an der religiösen als an der politischen Seite interessiert.

Im Jerusalem zur Zeit Jesu residierte auch der römische Statthalter Pontius Pilatus, wenn er zu den Festtagen in die

Stadt kam. Als Repräsentant des römischen Imperiums war er nicht nur verantwortlich für Ruhe und Ordnung, er hatte mit vielen Beamten und Soldaten auch für die Eintreibung von Steuern, Zöllen und Abgaben geradezustehen.

Von Mk 8,27 an befindet sich Jesus auf dem Weg nach Jerusalem. Das Todesschicksal Jesu zeichnet sich je länger je deutlicher ab. Die Fremdheit zwischen Jesus und den Seinen wird immer grösser. Es ist die Zeit, in der sich Jesus intensiv mit seinem verständnislosen Gefolge auseinandersetzen muss. In 10,32–34 – es ist bereits die dritte Todes- und Auferstehungsankündigung Jesu – ist zu lesen:

> *Während sie auf dem Weg hinauf nach Jerusalem waren, ging Jesus voraus. Die Leute wunderten sich über ihn, die Gefährtinnen und Gefährten aber hatten Angst. Da versammelte er die Zwölf wieder um sich und kündigte ihnen an, was ihm bevorstand. Er sagte: Wir gehen jetzt nach Jerusalem hinauf; dort wird der Menschensohn den Hohenpriestern und den Schriftgelehrten ausgeliefert; sie werden ihn zum Tod verurteilen und den Heiden übergeben; sie werden ihn verspotten, anspucken, geißeln und töten. Aber nach drei Tagen wird er auferstehen.*

Ein Blick auf das Jahr 70

Jetzt ist es aber höchste Zeit, dass wir uns daran erinnern: Markus schrieb sein Evangelium ungefähr 40 Jahre nach den Ereignissen. In der Zwischenzeit haben sich die politischen Unruhen in Palästina verschärft. Die Opposition gegen die römische Besatzungsmacht wuchs besonders unter dem Druck der

Zeloten, jener radikalen Theokraten, denen zum Abschütteln des römischen Jochs jedes Mittel, selbst brutale Gewalt, recht war. Den mit der römischen Besatzungsmacht kollaborierenden Sadduzäern war es offensichtlich nicht gelungen, das Unheil abzuwenden. Rom sah sich veranlasst, mit dem Aufgebot einer großen Streitmacht „Ruhe und Ordnung" wiederherzustellen. Zwar leisteten die Zeloten noch einige Jahre erbitterten Widerstand, wurden dann aber fast gänzlich aufgerieben.

Anno 70 lagen Jerusalem und der Tempel in Schutt und Asche.

Was das bei gläubigen Juden und Jüdinnen, auch bei solchen, die sich zum Messias Jesus bekannten, auslöste, lässt sich kaum beschreiben. Die Frage aber liegt nahe: Könnte die Zerstörung der Heiligen Stadt, könnte die Zerstörung des Tempels, des *Ortes, an dem Gott seinen Namen wohnen ließ*, für Markus der Anlass gewesen sein, sein Evangelium, die Siegesnachricht Gottes zu schreiben und so den „Ort" neu zu definieren?

Nehmen wir den Faden des Markusevangeliums noch einmal auf: Jesus befindet sich auf dem Weg nach Jerusalem. In Kapitel 11 folgt dann der Einzug in Jerusalem.

Dann kamen sie nach Jerusalem. Jesus ging in den Tempel und begann, die Händler und Käufer aus dem Tempel hinauszutreiben; er stieß die Tische der Geldwechsler und die Stände der Taubenhändler um und ließ nicht zu, dass jemand irgendetwas durch den Tempelbezirk trug. Er belehrte sie und sagte: Heißt es nicht in der Schrift: Mein Haus soll ein Haus des Gebetes für alle Völker sein? Ihr aber habt daraus eine Räuberhöhle gemacht.
Die Hohenpriester und die Schriftgelehrten hörten davon und suchten nach einer Möglichkeit, ihn umzubringen ... (Mk 11,15–18).

In Jerusalem fand dann auch seine Verurteilung und seine Hinrichtung durch die Römer statt.

Am Ostermorgen finden die Frauen das Grab leer. Zur Auferstehungsbotschaft, die der Mann im weißen Gewand den Frauen am leeren Grab ausrichtet, gehört auch dies:

> *Geht hin und sagt seinen Jüngern und Jüngerinnen und dem Petrus: Er geht euch voraus nach Galiläa; dort werdet ihr ihn sehen, wie er es euch gesagt hat.*

Auch der Neuanfang findet nicht in Jerusalem statt. *Er geht euch voraus nach Galiläa; dort werden sie ihn sehen.* Dort, wo alles angefangen hat.

Dieser Hinweis auf Galiläa nimmt auch Bezug auf Mk 14,26–28 im Zusammenhang der Passionsgeschichte und dem letzten Mahl. Unmittelbar nach dem Lobgesang gingen Jesus und die Seinen hinaus zum Ölberg.

> *Da sagte Jesus zu ihnen: Ihr werdet alle (an mir) Anstoß nehmen und zu Fall kommen; denn in der Schrift steht: Ich werde den Hirten erschlagen, dann werden sich die Schafe zerstreuen. Aber nach meiner Auferstehung werde ich euch nach Galiläa vorausgehen* (Mk 14,26–28).

Wenn Jerusalem der Ort der Verurteilung, der Hinrichtung und des Todes ist, ist Galiläa der Ort der Begegnung, der Auferstehung und des Neuanfangs. Aus dem Zusammenhang des eben zitierten Wortes ist klar, und das *aber* drückt es deutlich aus: Die Jüngerinnen werden ihn in Galiläa nicht nur sehen; Jesus wird als Hirte die Seinen sammeln und ihnen vorausgehen. Gern weise ich darauf hin, dass das Bild vom Hirten in der Bibel mit Romantik nichts zu tun hat. „Hirte“ ist seit jeher das

Bild für den König; nach Ez 43 eben für den ganz anderen König.

Auf diesem Hintergrund hören sich die Scharnierworte in Mk 1,14–15 anders an.

> [14]*Nachdem Johannes überliefert worden war,*
> *kam Jesus nach Galiläa und verkündete das Evangelium Gottes,*
> *indem er sagte:*
> [15]*Die Zeit ist erfüllt,*
> *die Herrschaft Gottes ist nahe herangekommen.*
> *Kehrt um und glaubt an das Evangelium.*

Ob diese Predigt von Jesus stammt, oder ob ein wacher Theologe der christlichen Frühzeit es war, der mit diesem Satz die Predigt Jesu zusammenfasste, tut nicht viel zur Sache. Auf alle Fälle ist für Markus klar, dass im Zentrum der Verkündigung Jesu die nahe Herrschaft Gottes steht.

Neue Inhalte

Im Zusammenhang der Predigt Jesu spricht man von *Herrschaft, Königtum* und *Reich.* All diese Übersetzungen sind richtig – oder vorsichtiger gesagt: haben etwas Richtiges an sich. Aber schon die Tatsache, dass es so viele Übersetzungen gibt, zeigt an, wie verlegen wir sind, wenn es um das Zentrum der Predigt und der Praxis Jesu geht. Verlegenheit schleicht sich bei jeder der genannten Übersetzungen ein. So ruft die Rede vom *Reich* Bilder von zerstörerischen Großreichen, nicht zuletzt vom Dritten Reich hervor. *Herrschaft* verbindet sich in erster Linie mit Überlegenheit sowie mit Macht, andere abhängig zu machen und an die Wand zu drücken – ganz abgesehen davon, dass *Herrschaft* ein schrecklich patriarchaler Begriff ist. Auch die Übersetzung mit *Königtum* führt nicht weiter. Könige und Kaiser lassen uns an Potentaten denken, die zu jeder Zeit ihre meist usurpierte „All-Macht“ spielen ließen.

Keiner dieser Begriffe eignet sich also, um das zum Ausdruck zu bringen, was in der Mitte der Botschaft Jesu stand. Das wird auch nicht besser, wenn wir jeden Ausdruck mit *Gott* verbinden: Reich *Gottes*, Herrschaft *Gottes*, Königtum *Gottes*; denn von diesen zweifelhaften, ja zum Teil schrecklichen Vorstellungen, die mit diesen Begriffen verbunden sind, bekommt dann eben auch Gott, der mit hineingezogen wird, manches ab – es sei denn, wir wüssten von vornherein genau, wer dieser Gott ist. Aber ist Jesus nicht gerade deswegen gekommen, um uns von Gott Kunde zu geben?

Eines ist sicher: Reich – oder wie immer wir nun das Gemeinte übersetzen – ist ein eminent politischer Begriff und war es damals noch mehr als heute. Das Reich, die Herrschaft, das Königtum wurde sowohl zur Zeit Jesu als auch zur Zeit des Evangelisten Markus vom Kaiser in Rom für sich in Anspruch genommen. Er nannte sich König, Herr, Herrscher, Retter, ja, er fing in dieser Zeit bereits an, sich Prädikate zuzulegen, die sonst nur der Gottheit vorbehalten waren: Augustus, Dominus, Deus, Optimus, Maximus, und wie sie alle heißen – man findet sie unter anderem auf damaligen Münzen. Dabei wurde wohlverstanden nicht nur der Kaiser als Person, sondern das Imperium Romanum als solches vergöttlicht, das in der damaligen Zeit konkurrenzlos dastand und bis in die neueste Zeit selbst von ernsten Historikern über allen Klee gepriesen wurde. Hier nur einige Stichworte: Ausgeklügeltes Justizwesen, allgegenwärtige Armee zur Befriedung (sprich: Unterwerfung) der Regionen, zufriedenstellende Versorgung der Bevölkerung mit Lebensmitteln, flächendeckende medizinische Betreuung, gut durchdachtes Bildungssystem, hervorragende Infrastruktur, gesicherte Verkehrswege zu Wasser und zu Land, beachtlich hohes kulturelles Niveau. Doch hatte das alles seine Kehrseiten, die von damaligen und heutigen Geschichtsschreibern gerne übersehen werden: Militärdiktatur, Staatsbürokratie, Zwangsansiedlungen, Anhäufung von riesigen Reichtümern durch Plünderung, Steuern, Abgaben, Ausbeutung, Klientelwesen, Korruption und nicht zuletzt die millionenfache Sklavenarbeit auf den Latifundien der Großgrundbesitzer wie auch in den Städten; die „richtigen" Bürger und Bürgerinnen arbeiteten ja nicht.

Auf diesem (politischen) Hintergrund hört sich die Predigt Jesu vom *Reich* oder von der *Herrschaft* oder vom *Königtum* Gottes noch einmal anders an:

15 *Die Zeit ist erfüllt,*
die Herrschaft Gottes ist nahe herangekommen.
Kehrt um und glaubt an das Evangelium.

Schon der erste Satz macht deutlich, wie Markus das Auftreten Jesu verstanden wissen wollte: als Neuanfang. *Die Zeit ist erfüllt* will sagen, dass die (alte) Zeit nun zu Ende geht, dass das, was jetzt kommt, nicht mehr zählbar und messbar ist, dass etwas völlig Neues anbricht. Das Reich Gottes ist weder etwas rein Zukünftiges noch etwas rein Jenseitiges. Reich Gottes ist jetzt schon da und ist jetzt schon erfahrbar. Die Konsequenzen dürfen nicht mehr auf die lange Bank geschoben werden: *Kehrt um, und glaubt an das Evangelium!*

Der Evangelist lässt dieser (zusammenfassenden) Predigt eine Reihe von Erzählungen folgen, die veranschaulichen, was das alles im Einzelnen zu bedeuten hat. Reich Gottes lässt sich nämlich ebenso wenig definieren wie Gott selbst, und von Gott – das wissen wir – kann man nur in Bildern und Gleichnissen reden. Und durch eine bestimmte Praxis. Ihr ist im Folgenden nachzugehen.

Aufbrüche

Die Reihe der Erzählungen wird eröffnet durch die Berufung der ersten Jünger.

> *Als Jesus am See von Galiläa entlangging, sah er Simon und Andreas, den Bruder des Simon, die auf dem See ihr Netz auswarfen; sie waren nämlich Fischer. Da sagte er zu ihnen: Kommt her, folgt mir nach! Ich werde euch zu Menschenfischern machen. Sogleich ließen sie ihre Netze liegen und folgten ihm.*
> *Als er ein Stück weiterging, sah er Jakobus, den Sohn des Zebedäus, und seinen Bruder Johannes; sie waren im Boot und richteten ihre Netze her. Sofort rief er sie, und sie ließen ihren Vater Zebedäus mit seinen Tagelöhnern im Boot zurück und folgten Jesus nach* (Mk 1,16–20).

Jesus ruft galiläische Fischer, und diese scheinen keinen Augenblick lang an der Richtigkeit ihres Tuns zu zweifeln, wenn sie *alles verlassen*, und Jesus *nachfolgen*. Für diese Männer ist *die Zeit erfüllt*; etwas Neues ist angebrochen. Es hat keinen Sinn mehr, die alten, ausgetretenen Wege weiter zu beschreiten. *Umkehr* ist angesagt, Richtungswechsel und *Glauben*. Dabei ist es nicht so, als ob Jesus einen Fan-Club um sich versammeln würde. Mit den Leuten, die Jesus anspricht, hat er etwas vor: sie sollen Menschen fangen; er möchte mit ihnen in der Welt etwas verändern. Ob das von den römischen und auch von den jüdischen Behörden so einfach hingenommen wird? Die vier Männer – sie stehen vorläufig in Vertretung von vielen Männern und Frauen – verlassen ihren Arbeitsplatz, selbst ihre Familie. Es ist zu bedenken, dass auch im Römischen Imperium die Familie als „Keimzelle des Staates" galt, wie wir das bei berühmtesten Philosophen nachlesen können. Und so wie der Kaiser als „Vater des Vaterlandes" das ganze Imperium beherrschte, so sollte eben auch der „Hausvater" in der Großfamilie unbeschränkt das Sagen haben. Wenn es von Jakobus und Johannes heißt: *sie ließen ihren Vater Zebedäus mit seinen Tagelöhnern im Boot zurück und folgten Jesus nach*, ist das eine deutliche Infragestellung nicht nur der Familie, sondern der gesamten damaligen gesellschaftlichen Ordnung. Es zeichnet sich hier schon ab, dass das Reich Gottes etwas Alternatives sein muss.

Gleich im Anschluss an die Berufung der ersten Jünger lesen wir in Mk 1,21–28 von folgender Begebenheit:

> 21 *Sie gingen nach Kafarnaum hinein und sogleich am Sabbat ging*
> *Jesus in die Synagoge und lehrte;* 22 *sie staunten über seine Lehre;*
> *denn er lehrte wie einer, der Vollmacht hat, und nicht wie die*
> *Schriftgelehrten.*
> 23 *Da war in ihrer Synagoge ein Mann mit unreinem Geist. Er*
> *schrie auf* 24 *und sagte: „Was willst du von uns, Jesus von Nazaret.*
> *Du bist gekommen, um uns zugrunde zu richten. Ich weiß, wer*
> *du bist: der Heilige Gottes."* 25 *Da fuhr ihn Jesus an und sprach:*

„Schweig und fahre aus von ihm." [26]Da riss ihn der unreine Geist hin und her und schrie mit lauter Stimme und fuhr aus von ihm.
[27]Da erstaunten alle und sagten: „Was ist das? Eine neue Lehre voll Macht. Sogar den unreinen Geistern befiehlt er, und sie gehorchen ihm."
[28]Und die Kunde von ihm drang bald überall hin in die ganze Umgegend von Galiläa.

Austreibungserzählungen gibt es auch in der jüdischen und griechisch-römischen Umwelt. Im Markusevangelium nehmen sie einen besonderen Raum ein, vgl. zum Beispiel 5,1–20; 7,24–30; 9,14–29. Auch für Lukas und Matthäus spielen diese Erzählungen eine wichtige Rolle (Lk 4,38–39; 13,10–17; Mt 9,32–33).

Was ist mit „Besessenheit" gemeint? Es gab und gibt Phänomene, die man damals nur dadurch erklären konnte, dass man annahm, dass Dämonen oder böse Geister über Menschen herrschten, ja sie gewissermaßen in Besitz nahmen. In der damaligen Zeit half diese Vorstellung, in schwer verständliche Begebenheiten ein bisschen Licht zu bringen. Gewiss reichen für uns solche Erklärungen nicht mehr aus. Die Phänomene, um die es geht, sind aber nicht so grundverschieden von gewissen Erfahrungen, die wir auch bei uns selbst machen können. Oft haben wir den Eindruck, dass wir nicht wir selber sein können, dass wir wie unter dem Diktat von fremden Mächten stehen, die uns uns selbst entfremden. Wir tun und sagen und denken Dinge, die uns eigentlich fremd sind. Wir denken über den Irak- und Syrienkrieg so, wie wir es in unserem Leibblatt lesen; Asylanten begegnen wir mit denselben Vorbehalten, wie sie von bestimmten Gruppierungen propagiert werden; wir kleiden uns nach einem bestimmten Modeblatt, obwohl uns dabei überhaupt nicht wohl ist. Gewisse Vorurteile blockieren uns derart, dass wir gar nicht mehr recht hinhören oder hinsehen. Wir sprechen nicht mehr unsere Sprache, sondern eine vorgegebene, eine normierte Sprache, hinter der wir unsere eigene Meinung verstecken können – wenn wir denn überhaupt eine haben. Ich kann nicht mehr ich selbst sein. Ich rede und handle, wie es andere von mir erwarten – vielleicht meine ich auch nur, dass sie es von mir erwarten. Ich wage nicht mehr, auf eigene Entdeckungsfahrten zu gehen. Durch viele Rücksichten bin ich wie lahm gelegt, wie gehemmt, wie taub, wie blind. Es gibt Ideologien, die den Menschen für die Wirklichkeit blind machen; es gibt eine Armut, die dem Menschen den letzten Rest an Selbstvertrauen, ja den letzten Rest an Würde nimmt; es gibt eine Armut, die den Menschen blockiert. Es gibt ein Leiden, das ihn regelrecht verstummen lässt; man sieht das an Menschen, die unterdrückt werden. In Mk 5 sagt ein Besessener, als er von Jesus nach dem Namen gefragt wird, er heiße *Legion* – erinnert das vielleicht an die Legionen der Besatzungsmacht, die die Einheimischen nicht mehr aufmucken ließen?

Die Tatsache, dass wir in den Evangelien so viele Austreibungsgeschichten lesen und dass im Markusevangelium eine solche Geschichte als erste Wundergeschichte erzählt wird, lässt vermuten, dass Besessenheit auch für Jesus ein Problem war. Nicht Dämonen und unreine Geister waren das Problem; das waren ja nur damalige Erklärungsversuche für bestimmte Phänomene. Das Problem war und ist dies: dass Menschen nicht sie selber sein können; dass Menschen sich selbst entfremdet, eben wie von einer bösen Macht besessen sind. Für Jesus war das ein wichtiges Anliegen: dass Menschen von diesen Mächten befreit werden. Entsprechend geht er auch auf sie zu. Er behandelt sie nicht als Heilungsobjekte. Er spricht sie an. Er fragt nach ihrem Namen. Er gibt ihnen ihre Sprache, ihre Geschichte zurück. Menschen müssen frei sein können. Der Grund ist einfach: Echte Beziehungen gibt es nur dort, wo Menschen frei sind.

Eigentlich war es eine einfache Austreibungserzählung, die Markus vorfand. Er erhebt sie aber zu etwas Grundsätzlichem. Markus fügt diese Erzählung hier ein, weil er sie als Illustration versteht, als Verdeutlichung und Veranschaulichung dessen, was es heißt, dass die Herrschaft Gottes im Kommen ist. Wo Gott ankommt und selbst das Ruder in die Hand nimmt, da kann ich ich selbst sein, da sollst du du selbst sein können. Und das ist auch das Erste, was die eben berufenen Jünger lernen sollen.

Das Zweite, was Markus mit dieser Erzählung sagen will: Die Befreiung der Besessenen, der Unterdrückten, der Stummen ist die *vollmächtige Lehre*, die Jesus gebracht hat. Es fällt auf, wie Markus am Anfang und am Schluss der Erzählung das Lehren Jesu betont, wo doch Jesus außer dem Satz, den er dem Besessenen zuruft, überhaupt nichts sagt. Bei Markus liest sich das so:

> *21 Sie gingen nach Kafarnaum hinein und sogleich am Sabbat ging Jesus in die Synagoge und lehrte; 22 sie staunten über seine Lehre; denn er lehrte wie einer, der Vollmacht hat, und nicht wie die Schriftgelehrten.*

Und nach der Austreibung sagen die Leute:

> *27 „Was ist das? Eine neue Lehre voll Macht! Sogar den unreinen Geistern befiehlt er, und sie gehorchen ihm."*

Das ist die *neue Lehre*, das ist das Reich Gottes, wie Jesus es praktiziert: die Befreiung der Unterdrückten und Besessenen, die Befreiung derer, die nicht sie selber sein können. Dass eine solche Lehre den Machthabenden, sowohl den politischen wie auch den religiösen, in die Quere kommt, versteht sich von selbst. Machthaber waren und sind an der Eigenständigkeit, an der Subjektwerdung der Menschen nie sonderlich interessiert.

Auferweckungen

Dem Auftritt in der Synagoge schließt sich der Besuch bei der Schwiegermutter des Simon an (Mk 1,29–31).

> [29]*Und sogleich verließen sie die Synagoge und gingen zusammen mit Jakobus und Johannes in das Haus des Simon und Andreas.*
> [30]*Die Schwiegermutter des Simon lag mit Fieber im Bett. Und sogleich sprachen sie mit Jesus über sie.* [31]*Und er ging auf sie zu, fasste sie an der Hand und richtete sie auf. Da wich das Fieber von ihr, und sie diente ihnen.*

Es dürfte das eine der kürzesten – und lange meinte man: der anspruchslosesten – Wundererzählungen im Neuen Testament sein. Halten wir Folgendes fest: Ohne die geringsten Berührungsängste geht Jesus auf die Frau zu, fasst sie an der Hand und weckt sie auf. Das Aufwecken in der Bedeutung auch von Aufrichten, Aufstehen oder Auferstehen lassen, ist ein äußerst gewichtiger Ausdruck im Markusevangelium. So befiehlt Jesus dem gelähmten Mann, aufzustehen (2,11); auch an die verstorbene Tochter des Jairus ergeht dieser Befehl (5,41); den wie tot daliegenden Besessenen packt Jesus ebenfalls bei der Hand und richtet ihn auf (9,27); der blinde Bartimäus soll aufstehen, weil Jesus ihn ruft (10,49). Der gleiche Ausdruck wird für die Auferweckung der Toten ganz allgemein gebraucht (12,26), auch für die (vermutete) Auferweckung des Täufers (6,14.16) und nicht zuletzt für die Auferweckung Jesu selbst (14,28; 16,6). *Er ist auferweckt worden* lautet nicht nur die Osterbotschaft des Engels am leeren Grab (16,6), sondern ist lange vor der Niederschrift des Markusevangeliums wesentlicher Bestandteil des christlichen Glaubensbekenntnisses überhaupt (vgl. 1Kor 15,4).

Die Erzählung ist genau nach den Motiven damaliger Heilungserzählungen aufgebaut. Dazu gehört in V 31 zum einen die Konstatierung des Wunders *(da wich das Fieber von ihr)*, zum andern die Demonstration der eingetretenen Heilung *(und sie diente ihnen)*. Ob aber die letzte Bemerkung nicht über eine reine Demonstration hinausgeht? Im Markusevangelium besteht die Nachfolge wesentlich im Dienen (vgl. 9,35; 10,43.45; 15,41). Mit einiger Sicherheit dürfen wir vermuten, dass Markus auch diese Erzählung als Verdeutlichung und Konkretisierung dessen versteht, was es heißt, dass das *Reich Gottes nahe gekommen* ist und was es bedeutet *umzukehren* und zu *glauben*. Darum hat er auch die Jünger in die Erzählung mit hinein genommen – für die Wundererzählung selbst wären sie eigentlich ohne besondere Bedeutung; sie sollen die Brücke schlagen zum Vorausgehenden, besonders zu ihrer eigenen Berufung, und sie sollen mit dabei sein, wenn die erste Frau zum Kreis stößt und sogleich Verantwortung übernimmt.

Schweigen

Die beiden Erzählungen, die von der Befreiung des Besessenen in der Synagoge und die von der Aufrichtung der Schwiegermutter des Simon, stehen eigentlich nur in Vertretung vieler anderer solcher Begebenheiten, wie das der unmittelbar folgende Sammelbericht (Mk 1,32–34) betont:

> 32 *Am Abend, als die Sonne untergegangen war, brachte man alle Kranken und Besessenen zu Jesus.* 33 *Die ganze Stadt war vor der Haustür versammelt,* 34 *und er heilte viele, die an allen möglichen Krankheiten litten, und trieb viele Dämonen aus. Und er verbot den Dämonen zu reden; denn sie wussten, wer er war.*

Der Sammelbericht ist gut markinisch, wie man sagen könnte: Am Ende des Abends bringt man *alle* Kranken und Besessenen zu Jesus. Die *ganze Stadt* – man stelle sich das vor! – war vor der Haustür versammelt. Er heilte *viele*, die an *allen möglichen Krankheiten* litten und trieb *viele Dämonen* aus. Typisch für Markus ist auch die letzte Bemerkung; wir treffen hier ein weiteres Mal auf das so genannte *Schweigegebot*, das im Zusammenhang des so genannten *Messiasgeheimnisses* steht. Das ist ein besonders spannendes Phänomen, geradezu ein Kennzeichen des Markusevangeliums. Was damit gemeint ist? Da sind zuerst einmal die verschiedenen *Schweigegebote* festzustellen. Nicht nur den Dämonen bzw. den Besessenen verbietet Jesus, etwas über ihn zu sagen oder ihn mit irgendwelchen Hoheitstiteln zu benennen (vgl. Mk 1,25.34; 3,12); das Schweigegebot richtet sich auch an Geheilte, so an den Aussätzigen (1,43f), an die Leute, die bei der Erweckung der Tochter des Jairus zugegen waren (5,43), an den Taubstummen (7,36), an den Blinden in Betsaida (8,26).

Historisch gesehen sind solche Schweigegebote ziemlich illusorisch, gab es doch viel zu viele Zeuginnen und Zeugen für diese Wunderheilungen; Schweigegebote hätten hier bestimmt nichts gebracht. Auch den Gefährten und Gefährtinnen wird verboten, ihre Einsichten weiterzusagen (vgl. 8,30), wenigstens *bis der Menschensohn von den Toten auferstanden ist* (9,9).

Der Sinn dieser Schweigegebote ist allem Anschein nach nicht auf der historischen, d. h. auf der Jesus-Ebene zu suchen; es muss Markus gewesen sein, der seinen Gemeinden damit etwas ganz Bestimmtes verdeutlichen wollte. Jesus sollte nicht einfach als Wundertäter bekannt werden; denn erstens wollte er das nicht sein und zweitens werden durch Wundererzählungen doch nur falsche Erwartungen geweckt. Auch so genannte Hoheitstitel, mit denen man versuchte, das Wesen Jesu in den Griff zu bekommen, waren nicht geeignet, das eigentliche Geheimnis Jesu zu erfassen. *Heiliger Gottes, Messias, Sohn Gottes* – solche Titel und Aussagen führen nicht weiter; denn erstens gab es in der damaligen Zeit viele Heilige Gottes, viele Messiasse und viele Söhne Gottes, und zweitens nützt eine solche Aussage so lange nichts, als sich die Menschen nicht darüber im Klaren sind, mit was für einem Gott sie es zu tun haben. Wir Heutige wissen selbst zur Genüge, dass mit „Gott" Kriege, Folter, Sklavenhandel, Armut, Hunger und Terror gerechtfertigt werden können. Es gibt nur die eine Möglichkeit, den Heiligen Gottes, den Gesalbten Gottes, den Sohn Gottes kennen zu lernen: in die Nachfolge Jesu treten, und zwar bis zum Letzten.

Zum Sammelbericht können auch die nächsten Verse gezählt werden:

[35]In aller Frühe, als es noch dunkel war, stand er auf und ging an
einen einsamen Ort, um zu beten. [36]Simon und seine Begleiter eil-
ten ihm nach, [37]und als sie ihn fanden, sagten sie zu ihm: Alle su-
chen dich.
[38]Er antwortete: Lasst uns anderswohin gehen, in die benachbar-
ten Dörfer, damit ich auch dort predige; denn dazu bin ich gekom-
men.
[39]Und er zog durch ganz Galiläa, predigte in den Synagogen und
trieb die Dämonen aus (Mk 1,35–39).

Das Anliegen dieser Verse ist ein ähnliches wie das der vorausgehenden. Jesus sucht nicht die öffentliche Anerkennung; es geht ihm um die Sendung, über die er sich in der Einsamkeit und im Gebet Klarheit verschafft. Hier zeigt sich zum ersten Mal auch das Nichtverstehen des Petrus und seiner Gefährten: Sie suchen Jesus nicht, um ihm nachzufolgen; sie möchten mit ihm im Rampenlicht stehen.

Rein und unrein

Die Erzählung von der Heilung eines Aussätzigen (Mk 1,40–45) zeigt deutliche Spuren markinischer Redaktion. Das heftige Anfahren und Fortjagen des Geheilten (1,43) wie auch die Bemerkung am Schluss der Erzählung, dass Jesus nicht mehr öffentlich in eine Stadt gehen konnte (1,45), haben etwas mit dem eben erwähnten Messiasgeheimnis zu tun. Dass sich der Geheilte den Priestern zeigen soll, ist verständlich und wird so auch in der dem Markus vorliegenden Erzählung gestanden sein. Ein Blick in die diesbezügliche Gesetzgebung in Lev 13 macht deutlich, dass es sich beim Aussatz primär nicht um ein medizinisches, sondern um ein theologisches bzw. kultisches bzw. politisches Phänomen handelt. Aussatz ist darum nicht Sache des Arztes, sondern des Priesters. Dieser stellt fest, ob jemand vom Aussatz befallen ist, an ihm ist es auch, die eingetretene Heilung festzustellen. Das bedeutet aber: Der Priester hat sowohl die Vollmacht, die vom Aussatz Befallenen aus der Gemeinschaft auszuschließen, als auch die Vollmacht, vom Aussatz Befreite in die Gesellschaft zu integrieren. Diese Art der Gesetzgebung hat etwas mit dem Tempel zu tun, von dessen Bedeutung wir weiter oben gesprochen haben (S. 75–79). Nach dieser Gesetzgebung werden auf Grund priesterlicher (männlicher) Entscheidungen die Menschen in rein und unrein eingeteilt, d. h. in Menschen, die zum Volk gehören und Menschen, die nicht dazu gehören, in Menschen, die zu Gott gehören (kultfähig sind) und Menschen, die nicht zu Gott gehören. Das Tun Jesu wird jetzt in seiner ganzen Tragweite deutlich: Wenn Jesus den Aussätzigen vom Aussatz befreit (beachte: Jesus *berührte ihn und sprach zu ihm: Ich will, sei rein!*), stellt er damit nicht nur das damalige Priestertum, sondern auch die Tempelgesetzgebung in Frage. Wenn Jesus den Geheilten dann trotzdem zum Priester schickt, nimmt er damit Rücksicht auf die konkrete Situation des Geheilten wie auch der Gesellschaft: Es nützt ja dem Geheilten nichts, dass Jesus ihn vom Aussatz befreit; gesellschaftsfähig ist er erst dann, wenn der *Priester* ihn für rein erklärt.

Auch diese Erzählung versteht Markus als Illustration für das Kommen der Gottesherrschaft. Ohne zu übertreiben darf man sagen: Wo Gottesherrschaft im Sinne Jesu anbricht, haben der Tempel und die mit ihm verbundene Priesterschaft und Gesetzgebung viel von ihrer beherrschenden Bedeutung verloren. Es treffen hier zwei grundverschiedene Prinzipien aufeinander: Das Prinzip „rein–unrein“, nach dem Menschen ausgeschlossen werden, und das Prinzip des geschenkhaften Lebens, nach dem Menschen in die Gesellschaft integriert werden. Jesus hat auf der ganzen Linie für dieses zweite Prinzip und damit für die Außenstehenden optiert, wie wir das im weiteren Verlauf des Evangeliums noch sehen werden. Dass eine solche Option in der damaligen – und heutigen (!) – Zeit ein erhebliches Konfliktpotenzial in sich birgt, versteht sich von selbst.

Die Vollmacht des Menschensohns

Als (indirekter) Angriff auf den Tempel kann auch die Erzählung von der Heilung des Gelähmten angesehen werden (Mk 2,1–12). Ausgangspunkt für die Diskussion ist die Tatsache, dass Jesus dem gelähmten Mann Sündenvergebung zuspricht. Der Widerspruch der Schriftgelehrten besteht zu Recht: *Er lästert! Wer kann Sünden vergeben außer Gott allein?* Sie berufen sich dabei auf ein Dogma, das im Glauben des jüdischen Volkes fest verankert war. Die Sünde – richtig verstanden – berührt allzu sehr das Wesen der Schöpfung und die Substanz des Menschen, als dass sie „einfach so“ vergeben werden könnte. Sündenvergebung ist ein schöpferisches Geschehen, und schöpferisch im eigentlichen und letzten Sinn ist Gott allein.

Gewiss war – durch Prophetenwort – im Volk immer wieder die Hoffnung auf einen neuen Schöpfungsakt Gottes wach. Man scheute sich nicht, ihn mit den Bildern der ersten Schöpfung zu zeichnen oder mit den Bildern der Berufung des Volkes, wo unterdrückte Menschen als Erstes das unvergleichlich wunderbare Eingreifen Gottes in die Geschichte erfahren haben. Man träumte auch von einem neuen Himmel und einer neuen Erde (vgl. Jes 65,17), von einem neuen Einzug ins Gelobte Land (vgl. Jes 41,17–20), von einer neuen Intimität mit Gott, von einem neuen Herzen, von einem neuen Anfang (vgl. Jer 31,31–34; Ez 36,23–28). Aber all das konnte von niemand anderem erwartet werden als von Gott allein, wie das übrigens auch bei der beeindruckenden Tempelliturgie am Jom Kippur, dem Großen Versöhnungstag, zum Ausdruck kam (vgl. dazu unter anderem Lev 16). Wenn nun in unserer Erzählung Jesus dem Gelähmten zuruft: *Deine Sünden sind dir vergeben*, wird deutlich, was es heißt, dass die Zeit erfüllt und die Herrschaft Gottes nahe herangekommen sei. *Ihr sollt aber erkennen, dass der Menschensohn die Vollmacht hat, hier auf der Erde Sünden zu vergeben ...* Es ist der *Menschensohn* – so deutet es die Gemeinde anhand der Vision des Propheten Daniel (7,14) –, dem Gott Vollmacht, Herrlichkeit und die nur Gott zukommende Königsherrschaft übertragen hat, *eine ewige Herrschaft, die nie vergehen, und ein Königtum, das niemals untergehen wird.* Das Wunder, nämlich die Heilung des Gelähmten, wirkt Jesus fast widerstrebend. Das eigentliche „Wunder“ liegt viel tiefer: im Anbruch der schöpferischen Kraft der Sündenvergebung.

Das Prinzip rein–unrein, das von Jesus überwunden wird, kommt auch in der folgenden Erzählung zum Tragen (Mk 2,13–14.15–17):

[13]Jesus ging wieder hinaus an den See. Da kamen Scharen von
Menschen zu ihm, und er lehrte sie. [14]Als er weiterging, sah er
Levi, den Sohn des Alphäus, am Zoll sitzen und sagte zu ihm: Fol-
ge mir nach! Da stand Levi auf und folgte ihm.
[15]Und als Jesus in seinem Haus beim Essen war, aßen viele Zöll-
ner und Menschen mit schlechtem Ruf zusammen mit ihm und
den Seinen; denn es folgten ihm viele. [16]Als die Schriftgelehrten
der Pharisäer sahen, dass er mit Zöllnern und Sündern aß, sag-
ten sie zu seinen Jüngerinnen und Jüngern: Was soll das, dass er
mit denen isst und trinkt, die am Zollhaus sitzen und mit solchen,
die Unrecht tun?
[17]Jesus hörte es und sagte zu ihnen: Nicht die Gesunden und Kräf-
tigen brauchen ärztliche Hilfe, sondern die, denen es schlecht
geht. Ich bin nicht gekommen, um die zu rufen, die gerecht han-
deln, sondern die, die Unrecht tun.

Die Eigenheiten des Markus sind dort gut spürbar, wo er von der einen zur anderen Erzählung einen Übergang schafft. Schon nach wenigen Erzählungen wird die Szenerie deutlich: Der See, die Scharen von Menschen, das Lehren. Ähnlich wie bei der Erzählung von der Befreiung des Besessenen in Mk 1,21–28 wird auch hier mit keinem Wort gesagt, worüber Jesus die Leute belehrt hat. Oder besteht vielleicht auch hier die Lehre in seinem Tun? Er ruft einen Zöllner – einen Kollaborateur der römischen Besatzungsmacht – in die Nachfolge, d. h. in seine nächste Gemeinschaft, wobei diesem armen Nichtsnutz – offensichtlich fand er keine andere Arbeit, als sich bei den Römern zu verdingen – die gleiche Würde zukommt wie den im ersten Kapitel Berufenen, Simon und Andreas, Jakobus und Johannes.

Als ob das nicht schon schlimm genug wäre, heißt es weiter: *Viele Zöllner und andere mit schlechtem Ruf aßen zusammen mit ihm und den Seinen; denn es folgten ihm viele.* Die Entrüstung der pharisäischen Schriftgelehrten entstammt dem ähnlichen Prinzip wie dem von rein–unrein: Ihrer Überzeugung nach verwischt Jesus die klaren Grenzen zwischen Göttlichem und Sündhaftem, zwischen gut und bös, was theologisch, gesellschaftlich und politisch unabsehbare Folgen haben könnte. Jesus sah das anders: Wenn er *Sündern und anderen Menschen, die einen schlechten Ruf hatten,* nicht nur entgegenkommt, sondern ihnen die Intimität des gemeinsamen Mahles anbietet, ist das ein untrügliches Zeichen dafür, dass das Reich Gottes angebrochen ist. Könnte das die *Lehre* Jesu sein?

Erlaubt und verboten

Die folgende Erzählung passt sehr gut dazu. Zusammen mit *Almosen* und *Beten* gehört das *Fasten* zu den bedeutendsten Zeichen echter Frömmigkeit (Mk 2,18–22; vgl. auch Mt 6,1–18). Dementsprechend fasteten die Jünger des Johannes, fasteten die Pharisäer, fastete alles, was religiösen Rang und Namen hatte – nur Jesu Jüngerinnen und Jünger schienen nicht zu fasten, was denn Jesus auch prompt zum Vorwurf gemacht wird. Jesus argumentiert nicht „theologisch" – was immer man darunter auch versteht. Er reagiert mit einer Gegenfrage, die ungefähr so gelautet haben mag: *Fastet ihr denn an einer Hochzeit?* Wenn Leute sich auf diese Frage einlassen, müssen sie sie weit von sich weisen: Selbstverständlich fastet man an einer Hochzeit nicht! Und sie merken nicht, dass sie sich durch das Bildwort haben „erwischen“ lassen; denn der tiefere Sinn dieses Bildwortes ist doch der, dass mit dem Kommen Jesu der Tag der *Hochzeit* angebrochen ist. Wer von den jüdischen Hörern erinnert sich bei diesem Bild nicht an die fantastischen Verheißungen nicht weniger Propheten, nach denen am Ende der Zeiten Gott sein Volk als seine Braut heimführen wird, um sich mit ihr zu vermählen (vgl. Hos 1–3; Ez 16 u. a.)? Und wer dächte dabei nicht an die übersprudelnden Aussagen im Hohelied: *Seine Linke ruht unter meinem Haupt, und mit seiner Rechten hält er mich umschlungen* (2,6)? Im Klartext bedeutet das: In Jesus ist die Hochzeit angebrochen, ist die Gottesherrschaft nahe herangekommen. Jesus ermöglicht und schenkt eine neue Zeit, die erfüllte Zeit, und damit eine neue Sprache, die nicht mehr gestelzt „theologisch“ daher kommen muss.

Freilich, die christliche Gemeinde und Markus können nicht einfach davon absehen, dass ihnen der Bräutigam, den sie auf den Messias Jesus beziehen, „entrissen“ wurde. Und das ist es, was sie mühsam lernen müssen: Am Tod des Messias Jesus vorbei gibt es keine Hochzeit, keine Herrschaft Gottes. Selbst das schönste Bildwort darf die Gemeinde nicht dazu führen, in Schwärmerei zu verfallen.

Um die beiden nächsten Perikopen besser verstehen zu können, ist es nötig, dass wir uns kurz die Problematik des Sabbats in Erinnerung rufen. Seit dem Babylonischen Exil (6. Jahrhundert v. Chr.) wird der Sabbat (zusammen mit der Beschneidung) als das deutlichste Zeichen der Zugehörigkeit zum Auserwählten Volk angesehen. Es ist darum nicht erstaunlich, dass die jüdischen Gelehrten vor und nach Christus gerade dem Sabbatgebot ihre besondere Aufmerksamkeit schenkten. Dabei war das Sabbatgebot alles andere als ein rigides Gesetz; wunderschöne, ans

Herz gehende Erzählungen über den Sabbat füllen ganze Bücher jüdischer Gelehrter. Sie machen vor allem deutlich, dass der Sabbat ein Geschenk und eine Wohltat ist, echte Hilfe zum Leben.

Der bedeutendste Testfall für das Sabbatgebot war der Sachverhalt der „Lebensgefahr". Bin ich auch dann noch an das Sabbatgebot gebunden, wenn ein Mitmensch in Lebensgefahr ist? Konkret: Darf ich einem Ertrinkenden zu Hilfe kommen, auch wenn ich dabei Tätigkeiten ausführen muss, die ich an einem Sabbat niemals tun dürfte? Grundsätzlich standen sich zwei Meinungen gegenüber, die auf den ersten Blick beide etwas Richtiges an sich haben: die „praktisch-menschliche" und die „theologische". Die „praktisch-menschliche" wurde von den Pharisäern vertreten. Nach ihrer Meinung „verdrängt" – wie sie sagten – die Lebensgefahr den Sabbat.

Einen strikt „theologischen" Standpunkt nahmen diesbezüglich beispielsweise die Leute von Qumran ein. Zum Problem Sabbat – Lebensgefahr sagten sie Folgendes: „Der Sabbat ist der Tag JHWHs, und JHWH ist mehr als ein Mensch." Die Argumentation ist in der Tat verführerisch; denn der Satz ist völlig richtig. Wer möchte leugnen, dass der Sabbat der Tag JHWHs ist? Und wer möchte leugnen, dass JHWH-Gott mehr ist als ein Mensch? Die Beweisführung dieser Leute führte konsequenterweise dazu, dass sie lieber einen Menschen umkommen ließen, als dass sie das Sabbatgebot übertreten hätten.

Wenden wir uns zuerst der einen Erzählung zu (Mk 2,23–26):

An einem Sabbat ging er durch die Kornfelder, und unterwegs rissen seine Jüngerinnen und Jünger Ähren ab. Da sagten die Pharisäer zu ihm: Sieh dir an, was sie tun! Das ist doch am Sabbat verboten.

Er antwortete: Habt ihr nie gelesen, was David getan hat, als er und seine Begleiter hungrig waren und nichts zu essen hatten – wie er zur Zeit des Hohenpriesters Abjatar in das Haus Gottes ging und die heiligen Brote aß, die außer den Priestern niemand essen darf, und auch seinen Begleitern davon gab?

Die Erzählung ist offensichtlich etwas durcheinandergeraten, denn erstens kommt es sonst kaum vor, dass Jesus anhand der Bibel argumentiert, und zweitens handelt es sich bei den angeführten Stellen (1Sam 21,2–7 und Lev 24,5–9) auch nicht um das Sabbatgebot. Etwas anderes ist hier wichtig, das durchaus etwas mit Jesus und dann zur Zeit des Markus auch mit der Gemeinde zu tun hatte. Was das Problem anbelangt, stehen sich hier zwei grundsätzlich verschiedene Stellungnahmen gegenüber. Auf der einen Seite die Pharisäer. Sie argumentieren nach „erlaubt" und „verboten". Nicht nur in den Evangelien finden wir solche Argumentationsweisen (vgl. zum Beispiel Mk 10,2), sondern auch in vielen Diskussionen unter jüdischen (und nota bene auch unter christlichen) Gelehrten. Jesus – und in seiner Nachfolge auch die christliche Gemeinde und Markus – steht auf einem anderen Standpunkt: Wenn Menschen Hunger haben – und die Menschen aus der genannten Erzählung *haben* Hunger, wie Jesus ausdrücklich festhält – führt die Frage nach erlaubt und verboten nicht weiter. Die Sorge um die Hungernden, um die Armen, um die Gequälten, um die Kranken hat absolute Priorität; die Überlegungen nach erlaubt und verboten müssen hier in den Hintergrund treten.

So ist es, wenn das Reich Gottes kommt: Alle noch so religiösen Einrichtungen, heißen sie nun Gesetz oder Tempel oder Sabbat oder Familie oder Staat oder was auch immer, haben sich am Kommen des Reiches zu messen. Dieser grundlegende und alles relativierende Anspruch des Reiches lässt auch das Wort verstehen, das die Perikope abschließt:

> *Der Sabbat ist für den Menschen da,*
> *nicht der Mensch für den Sabbat.*
> *Deshalb ist der Menschensohn Herr auch über den Sabbat* (Mk 2,27–28).

Vom Menschensohn als dem Repräsentanten des Reiches Gottes haben wir weiter oben bereits gesprochen; als solcher ist er auch Herr über den Sabbat.

Der Widerstand wächst

Bevor wir zur zweiten Sabbat-Erzählung kommen, zur letzten dieser Sequenzenreihe (Mk 3,1–6), wollen wir einen Augenblick Rückschau halten. Wir gingen davon aus, dass die Abschnitte, die sich an die zusammenfassende Predigt Jesu in Mk 1,15 anschließen, Illustrationen dieser Predigt seien, Hinweise und Verdeutlichung dessen, was es bedeuten könnte, dass *die Zeit erfüllt* und *die Gottesherrschaft nahe gekommen ist*, was *Umkehr* und *Glauben* und *Evangelium* konkret bedeuten könnte. Dabei mussten wir feststellen, dass alle diese Illustrationen der Gottesherrschaft für viele Leute auch Provokationen waren, Provokationen sowohl politischer als auch religiöser Art. Entsprechend nahmen auch die Spannungen immer mehr zu: Jesus versammelt Leute um sich, durch die er auf die Gesellschaft einwirken will (1,16–20); sein wichtigstes Anliegen – das macht er bei seinem ersten Besuch in der Synagoge zu Kafarnaum deutlich – ist die Befreiung der Menschen von allen möglichen, auch von politischen und religiösen Zwängen (1,21–28); seine Anhängerinnen möchten ihn zwar zurückbehalten, aber das Anliegen Jesu ist es nicht, einen Kreis von Sympathisanten um sich zu versammeln, um von ihnen verehrt zu werden. Darum wollte er auch nicht, dass er (von den Dämonen) bekannt gemacht wird. Er ist ausgegangen, um auch in der weiteren Umgebung die Siegesnachricht Gottes zu verkünden und zu praktizieren (1,32–39). Dadurch, dass er einen Aussätzigen umarmt und ihn heilt (1,40–45) und dadurch, dass er einem Gelähmten Sündenvergebung zuspricht (2,1–12), stellt er sich quer zur Priesterschaft und zum Tempel. Die Opposition artikuliert sich immer hartnäckiger:

> *Er lästert!* (2,6).
> *Mit Leuten, die Unrecht tun, isst er!* (2,16).
> *Warum fasten deine Jünger und Jüngerinnen nicht?* (2,18).
> *Schau, was sie am Sabbat Unerlaubtes tun!* (2,24)

Die folgende Erzählung nun (3,1–6) bildet den vorläufigen Höhepunkt.

> [1]*Als er ein andermal in eine Synagoge ging, saß dort ein Mann, dessen Hand gelähmt war.* [2]*Und sie gaben Acht, ob Jesus ihn am Sabbat heilen werde; sie suchten nämlich einen Grund zur Anklage gegen ihn.*
> [3]*Da sagte er zu dem Mann mit der gelähmten Hand: Steh auf und stell dich in die Mitte!* [4]*Und zu den anderen sagte er: Was ist am Sabbat erlaubt: Gutes zu tun oder Böses, ein Leben zu retten oder es zu vernichten? Sie aber schwiegen.* [5]*Und er sah sie der Reihe nach an, voll Zorn und Trauer über ihr verstocktes Herz, und*

sagte zu dem Mann: Streck deine Hand aus! Er streckte sie aus, und seine Hand war wieder gesund.
6 Da gingen die Pharisäer hinaus und fassten zusammen mit den Anhängern des Herodes den Beschluss, Jesus umzubringen.

Jetzt geht es um Leben und Tod, und das zunächst einmal für Jesus: Die Leute in der Synagoge suchen nach einem Grund zur Anklage gegen ihn noch bevor er etwas unternimmt, und nach der Intervention Jesu fassen die Pharisäer zusammen mit den Anhängern des Herodes den Beschluss, Jesus umzubringen. Um Leben und Tod geht es aber auch für den Mann mit der gelähmten Hand, wie das aus der Argumentation Jesu deutlich hervorgeht: *Leben retten oder vernichten.*

Ohne auf Einzelheiten näher einzugehen, sei Folgendes festgehalten: Es ist Sabbat; Gottesdienst in der Synagoge; ein Mann, dessen Hand gelähmt ist, d. h. ein Arbeitsloser; die Leute, die Jesus belauern, weil sie ihn anklagen wollen. Und dann diese prophetisch-provozierende Geste Jesu: Er stellt den Mann *in die Mitte* – in die Mitte der Synagoge, in die Mitte des Gottesdienstes, dort, wo doch eigentlich die Tora steht – in die Mitte Gottes? Die Reaktion der Umstehenden: Schweigen und Verstocktheit – wir werden diesem Ausdruck im Verlauf des Evangeliums noch zweimal begegnen; für den Verfasser des Evangeliums ist er typisch. Schließlich der Tötungsbeschluss der Pharisäer und der Anhänger des Herodes, weil Jesus den Arbeitslosen in der Mitte des Gottesdienstes haben wollte – und heilte. Leben und Heil setzen sich durch – der Heilbringer selbst wird umgebracht.

Ein Sammelbericht (Mk 3,7–12) schließt die Sequenz ab. Das Markinische dieser Verse ist aus dem Gesamt des Markusevangeliums nicht zu übersehen: Der Rückzug Jesu mit seinen Jüngerinnen und Jüngern an den See, die dreimalige Erwähnung der großen Volksmenge, die vielen Kranken, die Berührungen, die unreinen Geister mit ihrem Bekenntnis zum Sohn Gottes, das Schweigegebot.

Das Zunehmen des Widerstands und der Tötungsbeschluss, der schon sehr früh ins Blickfeld gerät, signalisieren jetzt schon deutlich den Weg Jesu und den Weg des Evangeliums: Er führt in den Tod des Verkünders. Das alles gehört zum Konzept des Markusevangeliums. Das bedeutet aber auch, dass wir, die Leserinnen und Leser, von der Hand des Markus sicher geführt werden.

... der ist mir Bruder und Schwester und Mutter (Mk 3,35)

Eine neue Familie

Von einer Jüngerberufung war bereits in Mk 1,16–20 die Rede. Sie war gewissermaßen die erste Konkretisierung der zusammenfassenden Predigt Jesu in 1,15 und zeigte, wie das Kommen des Reiches Gottes sich ereignet und wie die Zeit sich erfüllt, was Umkehr und was Glauben bedeutet (vgl. oben S. 65–95). Jetzt, in 3,13–19, ist noch einmal von Jüngern und Jüngerinnen die Rede. Allerdings geht es um etwas ganz Besonderes.

> *13 Jesus stieg auf den Berg und rief die zu sich, die er wollte, und*
> *sie gingen zu ihm. 14 Und er machte Zwölf (die er auch Apostel*
> *nannte), damit sie mit ihm seien und damit er sie aussandte zu*
> *predigen 15 und mit seiner Vollmacht Dämonen auszutreiben.*
> *16 Er machte also die Zwölf: Simon, dem er den Namen Petrus gab;*
> *17 dann Jakobus, den Sohn des Zebedäus, und Johannes, den Bru-*
> *der des Jakobus – ihnen gab er den Beinamen Boanerges, das*
> *heißt Donnersöhne; 18 dann Andreas und Philippus und Bartho-*
> *lomäus und Matthäus und Thomas und Jakobus, den Sohn des*
> *Alphäus; dann Thaddäus und Simon, den Kananäer 19 und Judas*
> *Iskariot, der, der ihn überliefert hat.*

Der Zwölferkreis

Die Bildung des Zwölferkreises geht mit aller Wahrscheinlichkeit auf Jesus selbst zurück. Es handelt sich dabei um eine Symbolhandlung, wie die Wissenschaftler sagen. Das heißt nicht, dass wir es hier nicht mit einer wirklichen Begebenheit zu tun haben; im Gegenteil! Im Alten wie im Neuen Testament werden des Öftern Symbolhandlungen erzählt, und es dürfte nützlich sein, sich über die Merkmale solcher Handlungen im Klaren zu sein. Symbolhandlungen

- sind konkret und anschaulich;
- stehen nicht nur für sich allein, sondern bedeuten etwas oder deuten auf etwas hin;
- haben in den meisten Fällen etwas Provozierendes an sich;
- sind nicht institutionalisierbar und sollen darum auch nicht für andere verpflichtend sein;
- haben einen Bezug zur Herrschaft Gottes und geben so auch Einblick in ein neues Menschsein und in eine neue Gesellschaft.

Symbolhandlungen sind typisch für die prophetische Verkündigung, man denke nur an die Propheten Samuel (1Sam 15,27–30), Jesaja (20,1–6), Jeremia (13,1–11; 19,1–11) oder Ezechiel (4,1–3; 5,1–17). Zur Veranschaulichung sei hier der Einfachheit und Kürze wegen Ez 4,1–3 zitiert. Wie andere Zeichenhandlungen hat auch diese gewisse Ähnlichkeiten mit so genannten Straßentheatern, wie sie auch in unserer Zeit auf Straßen und Plätzen aufgeführt werden. Der Auftrag Gottes geht an den Propheten Ezechiel, den *Menschensohn*; er soll dem Haus Israel die Belagerung Jerusalems ankünden.

Du, Menschensohn, nimm dir einen Lehmziegel, leg ihn vor dich hin, und ritze eine Stadt darauf ein, Jerusalem! Belagere sie; bau ihr gegenüber einen Belagerungswall; schütte einen Damm gegen sie auf; leg vor ihr ein Truppenlager an, und stell gegen sie ringsum Sturmblöcke auf! Nimm eine Eisenplatte, und stell sie als eiserne Mauer zwischen dich und die Stadt! Richte dein Gesicht auf die Stadt: Nun ist sie belagert, und du belagerst sie.
Das ist ein (warnendes) Zeichen für das Haus Israel (Ez 4,1–3).

Typisch sind Symbolhandlungen auch für den Propheten Jesus, es sei hier nur an Szenen wie die so genannte Tempelreinigung erinnert (Mk 11,15–17) oder an die Verfluchung des Feigenbaums (Mk 11,12–14) oder an den Einzug in Jerusalem (Mk 11,1–11a).

Der Zwölferkreis sollte die zwölf Stämme Israels repräsentieren. Jesus verstand seine Sendung als Sammelbewegung und er wusste sich an ganz Israel gesandt (vgl. Mt 15,24 und Mt 10,6). Allerdings gab es zur Zeit Jesu das Zwölfstämmevolk praktisch nur noch als Erinnerung, freilich als Erinnerung an eine große Vergangenheit. Die politische Situation in Palästina zur Zeit Jesu und auch zur Zeit der Evangelisten hatte nicht die geringste Ähnlichkeit mit dieser großen Vergangenheit. Da gab es – um nur an das eine oder andere zu erinnern – eine Priesteraristokratie mit einem Hohenpriester an der Spitze, der erst noch von Roms Gnaden abhängig war; da gab es die Lokalmonarchie der Herodianer, die sich weder richtig legitimieren konnte und ebenfalls auf die Gunst Roms angewiesen war; da gab es die Sadduzäer, die den Tempel, das wirtschaftliche, politische und ideologische Zentrum Palästinas kontrollierten; wohl der größte Widerspruch zur großen Vergangenheit war die römische Besatzungsmacht, die überall präsent war und alles im Griff hatte. Eigentlich ein erschreckendes Zerrbild, wenn man an das Zwölfstämmevolk der vorköniglichen Zeit denkt, wie es zum Beispiel in Ex 19,4–6 zum Ausdruck kommt, wo das befreite Israel (als Ganzes!) als ein *Königreich von Priestern* und als *heiliges Volk* bezeichnet wird! Mit der Bildung des Zwölferkreises schließt Jesus an diese große, wenn auch idealisierte Vergangenheit an und entwirft damit die Hoffnung auf eine Gesellschaft, in der das Volk durch einfache Menschen aus diesem Volk, durch Fischer und Bäuerinnen, Handwerker und Gewerbetreibende „regiert" wird – wobei „regieren" eben im Sinn der Verkündigung und Praxis Jesu der Königsherrschaft Gottes zu verstehen ist.

Sehen wir gut hin, wozu Jesus diese Leute beruft und aussendet. Von Anfang an sollen sie teilhaben an seinem Charisma und an seiner Sendung. Wie er sollen sie das Reich Gottes ankünden und wie er sollen sie es auch praktizieren. In seiner Vollmacht sollen sie Dämonen austreiben und Kranke heilen. Fast wörtlich werden diese Formulierungen bei der eigentlichen Sendung der Zwölf noch einmal aufgenommen, wenn es in Mk 6,7ff heißt:

> 7 *Er rief die Zwölf zu sich und sandte sie aus, jeweils zwei zusammen. Er gab ihnen die Vollmacht, die unreinen Geister auszutreiben …*

Entsprechend heißt es im Anschluss daran:

> 12 *Die Zwölf machten sich auf den Weg und riefen die Menschen zur Umkehr auf.* 13 *Sie trieben viele Dämonen aus und salbten viele Kranke mit Öl und heilten sie.*

Zwischen der Aussendung der Zwölf und ihrer Rückkehr zu Jesus erzählt Markus, wie es zur Tötung des Täufers kam (6,14–16.17–29). So wie das erste Auftreten Jesu in Mk 1,14 unter dem Zeichen der Todes-*Auslieferung* des Täufers steht, so wird auch die Aussendung der Jünger mit der Tötung des Täufers verknüpft. Das ist weder Zufall noch entspricht es unbedingt dem historischen Ablauf der Ereignisse; es ist bewusste markinische Gestaltung.

Kommen wir zurück zur Bestellung des Zwölferkreises. Die Namensliste hat Markus vorgefunden, doch klingen gewisse Themen seines Evangeliums deutlich an. An erster Stelle treffen wir auf *Simon*, dem Jesus den Beinamen *Petrus* gab. Was immer dieser Beiname im Sinne Jesu für eine Bedeutung hatte, sicher ist, dass im Markusevangelium kein anderer Jünger so oft erwähnt wird und eine so prominente Stellung einnimmt wie Simon-Petrus. Es gibt aber auch keinen, dessen Versagen in so eindringlicher Breite erzählt wird wie dasjenige des Simon-Petrus (Mk 14,26–31.66–72).

Zusammen mit Petrus werden ab und zu auch die beiden Söhne des Zebedäus, *Jakobus* und *Johannes*, in umittelbarer Nähe zu Jesus erwähnt, so bei der Erweckung der Tochter des Jairus (Mk 5,37), bei der Verklärung Jesu auf dem hohen Berg (9,2–8) und bei der Todesangst Jesu im Garten Getsemani (14,33); ferner treffen wir die drei – diesmal auch noch mit Simons Bruder *Andreas* zusammen – auf dem Tempelberg (13,3), als Jesus den Untergang des Tempels ankündigt. Die Erstberufenen (1,16–20) scheinen also so etwas wie der innere Kreis der Jüngerschaft gewesen zu sein.

Für Markus dürfte nicht unwichtig sein, dass ausgerechnet diejenigen Jünger, die Jesus am nächsten standen, ihn am schlechtesten verstanden haben und von Jesus auch zurechtgewiesen werden mussten: Petrus musste als *Satan* zurückgewiesen werden (Mk 8,33), und die Zebedäussöhne kamen mit einem derartigen Ansinnen zu Jesus, dass nicht nur Jesus sie abweisen musste, sondern sogar die zehn anderen sich über sie entrüsteten (10,35–41). Beim Tod Jesu ist keiner der Jünger zugegen. Eine Gestalt, die auf der Zwölferliste besonders hervorgehoben wird, ist *Judas Iskariot, der ihn überliefert hat.* Wieder steht hier das ominöse Wort *überliefern.* Der Erzähler legt keinen Wert darauf aufzuzeigen, wie die Dinge sich nach und nach entwickelten; er erzählt vom entscheidenden Ende der Ereignisse her, mit dem er seine Leserinnen zu jeder Zeit konfrontiert.

Der Kontrast könnte größer kaum sein: Die Repräsentanten des Zwölfstämmevolkes als königliche Priesterschaft und heiliges Volk mit dem Auftrag der Ankündigung und Praxis des Reiches Gottes sind gleichzeitig diejenigen, die sich im weiteren Verlauf des Evangeliums je länger je mehr als Versager herausstellen werden. Die Frage liegt auf der Hand, ob das ganze Unternehmen überhaupt eine Chance hat.

Die Schriftgelehrten und die Angehörigen

Die Erzählung, die der Bestellung der Zwölf unmittelbar folgt, ist nicht weniger kontrastreich. Dass sie von Markus komponiert wurde, zeigt die kunstvolle Verschachtelung; ein ähnliches Vorgehen finden wir nämlich auch in Mk 5 und Mk 9.

20 Jesus ging in ein Haus, und wieder kamen so viele Menschen
zusammen, dass er und die Jünger und Jüngerinnen nicht ein-
mal mehr essen konnten.
A) 21 Als seine Angehörigen davon hörten, machten sie sich auf
den Weg, um ihn mit Gewalt zurückzuholen; denn sie sagten: Er
ist von Sinnen.

B) 22 Die Schriftgelehrten, die von Jerusalem herabgekommen
waren, sagten: Er ist von Beelzebul besessen; mit Hilfe des An-
führers der Dämonen treibt er die Dämonen aus.

B') 23 Da rief er sie (die Schriftgelehrten) zu sich und belehrte
sie in Form von Gleichnissen: Wie kann der Satan den Satan
austreiben? 24 Wenn ein Reich in sich gespalten ist, kann es kei-
nen Bestand haben. 25 Wenn eine Familie in sich gespalten ist,
kann sie keinen Bestand haben.
26 Und wenn sich der Satan gegen sich selbst erhebt und mit sich
selbst im Streit liegt, kann er keinen Bestand haben, sondern
es ist um ihn geschehen.
27 Es kann aber auch keiner in das Haus eines starken Mannes
einbrechen und ihm den Hausrat rauben, wenn er den Mann
nicht vorher fesselt; erst dann kann er sein Haus plündern.
28 Amen, das sage ich euch: Alle Vergehen und Lästerungen wer-
den den Menschen vergeben werden, so viel sie auch lästern
mögen;
29 wer aber den Heiligen Geist lästert, der findet in Ewigkeit kei-
ne Vergebung, sondern bleibt auf ewig Gott fern.
30 Sie hatten nämlich gesagt: Er ist von einem unreinen Geist
besessen.

A') 31 Da kamen seine Mutter und seine Geschwister; sie blieben
draußen stehen und ließen ihn herausrufen. 32 Es saßen viele Leu-

te um ihn herum, und man sagte zu ihm: Deine Mutter und deine Brüder und Schwestern stehen draußen und fragen nach dir. [33]*Er erwiderte: Wer ist meine Mutter, und wer sind meine Geschwister?* [34]*Und er blickte auf die Menschen, die im Kreis um ihn herumsaßen, und sagte: Das hier sind meine Mutter und meine Geschwister.* [35]*Alle, die den Willen Gottes tun, sind mir Bruder und Schwester und Mutter* (Mk 3,20–35).

Die Komposition lässt folgenden Aufbau erkennen:

Die Einleitung in V 20 bietet eine gut markinische Szenerie: das Haus, die vielen Menschen, das Essen.

A) V 21: Bewegung und Vorwurf der Angehörigen;

B) V 22: Bewegung und Vorwurf der Schriftgelehrten, die von Jerusalem gekommen waren;

B') V 23–30: Stellungnahme Jesu an die Adresse der Schriftgelehrten;

A') V 31–35: Stellungnahme Jesu an die Adresse der Angehörigen.

Er ist vom Beelzebul besessen

Werfen wir zuerst einen Blick auf die beiden Vorwürfe der Schriftgelehrten, die *von Jerusalem* (!) kommen, und auf die Verteidigungsrede Jesu. Der erste Vorwurf, Jesus sei *von Beelzebul*, von einem bösen Dämon *besessen*, verkehrt die Frage nach der Person Jesu in ihr Gegenteil. Der zweite Vorwurf, *mit Hilfe des Anführers der Dämonen treibe er die Dämonen aus*, pervertiert sein Charisma der Befreiung in Zauberei; auf Zauberei stand nach dem Gesetz die Todesstrafe (vgl. Ex 22,17; Lev 19,31,6.27 u.ö.).

Die Bilder und Gleichnisse, die Jesus zu seiner Verteidigung ins Feld führt (V 24–26), sind dem Bereich der Politik und der Familie entnommen und entlarven die Absurdität des Vorwurfs: Weder Königreiche noch Familien können bestehen, wenn sie in sich selbst gespalten sind; sie werden untergehen.

Das Gleichnis in V 27 stellt Jesus als den Bezwinger eines starken Mannes dar, aus dessen Knute er die Menschen befreien will.

Schwieriger ist das Wort von der unvergebbaren Sünde, über die auch im Judentum viel diskutiert wurde. Die Meinungen gingen auseinander. Es musste auf alle Fälle eine Sünde sein, die mit dem Wesen des jüdischen Glaubens und der jüdischen Praxis etwas zu tun hat. Wird denen die Sünde nicht vergeben, die den Bund des Vaters Abraham zunichtemachen, oder die die Auferstehung der Toten leugnen, oder bestreiten, dass die Tora von Gott kommt? Vielleicht hatten die christlichen Gemeinden das Bedürfnis, auch von ihrem Glauben an den Messias Jesus her der Vergebung Gottes eine Grenze zu setzen. Auch für sie musste es eine Sünde sein, die etwas mit dem christlichen Glauben und der christlichen Praxis zu tun hat. Es ist die Lästerung des Geistes. Träger dieses Geistes ist der Messias Jesus. Wer ausgerechnet denjenigen als vom bösen Geist besessen diffamiert, der Besessene und Unterdrückte befreit, lästert den Geist und pervertiert die Praxis Jesu und das Bekenntnis zum Messias. Hier zeigt sich einmal mehr, welch großen Raum das Thema der Besessenheit im Markusevangelium einnimmt, und wie sehr derjenige mit der radikalen Gegnerschaft der Maßgebenden zu rechnen hat, der für die Befreiung der Menschen eintritt. Der Vorwurf der Besessenheit an die Adresse Jesu wird denn am Schluss der Ausführungen noch einmal aufgenommen: *Sie hatten nämlich gesagt: Er ist von einem unreinen Geist besessen.*

In diesem Zusammenhang noch eine Beobachtung: In Mk 3,11 bekennen sich die Besessenen zu Jesus als dem *Sohn Gottes*. Bedeutet das, dass sich Jesus in erster Linie dadurch als *Sohn Gottes* erweist, dass er Versklavte befreit?

Er ist von Sinnen

Geht es in der Auseinandersetzung mit den Schriftgelehrten eher um den Auftrag Jesu als Befreier, so geht es in der Auseinandersetzung mit den Angehörigen um die Zugehörigkeit zu Jesus, d. h. um die neue Gemeinschaft, die sich bildet.

In V 21 machten sich die Angehörigen auf den Weg, um Jesus mit Gewalt zurückzuholen. Während sich Jesus mit den Schriftgelehrten auseinandersetzte, hatten die Angehörigen Zeit, zu Jesus zu kommen. In V 31 ist es so weit. Hier wird auch deutlich, wer mit den *Angehörigen* gemeint ist: *Seine Mutter und seine Geschwister*. Betrachten wir als Erstes den Vorwurf, den sie formulieren: *Er ist von Sinnen*. Diese Aussage ließe sich mühelos auch historisch situieren. Es ist davon auszugehen, dass von verschiedenen Seiten den Angehörigen zu Ohren gekommen ist, dass sich um Jesus ganze Volksscharen versammeln – bei solchen Übertreibungen dürfte Markus etwas mitgeholfen haben. Angesichts der Anwesenheit der römischen Besatzungsmacht und der politisch angespannten Lage waren größere

Menschenansammlungen nicht ungefährlich. Was die Angehörigen äußern, ist weniger ein Vorwurf als eine Schutzbehauptung; sie wollen damit sowohl Jesus als auch sich selbst vor behördlichen Übergriffen schützen. Zum einen stellen sie Jesus als „Verrückten" hin, der den Wirklichkeitsbezug verloren hat, aber im Grunde genommen völlig harmlos ist, zum anderen können sie sich durch ihre Behauptung von Jesus inhaltlich distanzieren. Wenn sie Jesus einfangen wollen, nehmen sie ja nur ihre Verantwortung als seine Verwandten bzw. Angehörigen wahr.

Gut markinisch ist die nun wieder folgende Szenerie, die bewusst und geradezu eindringlich beschrieben wird. *Um Jesus herum* sitzen *viele Leute* (V 32 und 34). Es ist, wie wenn sie um Jesus eine Einheit, eine Gemeinschaft bilden. Demgegenüber wird von der Mutter und von den Geschwistern zweimal gesagt, sie seien *draußen* (V 31 und 32).

Eine ähnliche Szenerie, die sicher auch vom Evangelisten Markus so gestaltet wurde, finden wir im Anschluss an das so genannte Sämannsgleichnis. Da heißt es:

> *Und als sie allein waren, fragten ihn die um ihn herum mit den Zwölf nach den Gleichnissen. Und er sagte ihnen: Euch ist das Geheimnis des Gottesreiches gegeben; jenen aber, denen draußen, geschieht alles in Gleichnissen, auf dass sie sehen und doch nicht schauen, hören und doch nicht verstehen und so weder umkehren noch Vergebung finden* (Mk 4,10–12).

Auch hier wird zwischen denen, die *um ihn herum* sind und denen, die *draußen* sind, unterschieden. Diejenigen, die *um ihn herum* sind, verstehen, weil es ihnen *gegeben* ist; diejenigen, die *draußen* sind, *sehen* und *hören* zwar, aber sie *begreifen nicht.*

Diese Erfahrung sollte auch der Prophet Jesaja machen, an den hier ausdrücklich erinnert wird (Jes 6,9), dass diejenigen, zu denen er gesandt war, wohl sahen und hörten, sich dem Wort aber derart verschlossen, dass ihnen alles nur noch fremder vorkam und sie selbst nur noch verstockter wurden.

Beide Male sind es eigentlich die Privilegierten, die Verwandten bzw. diejenigen, die sehen und hören könnten, die *draußen* bleiben, während andere es sind, die in das Geheimnis des Reiches Gottes eingeweiht werden: Es sind diejenigen, die wirklich hören, d. h. die den Willen Gottes tun.

Die neue Familie

In der Umgebung Jesu ist also etwas ganz anderes entscheidend geworden: nicht verwandtschaftliche Beziehungen, nicht äußerliche Vorzüge, nicht irgendwelche Ansprüche, sondern das Hören auf Jesus und das Tun des Willens Gottes:

> *Wer ist meine Mutter, und wer sind meine Geschwister?* [34]*Und er blickte auf die Menschen, die im Kreis um ihn herumsaßen, und sagte: Das hier sind meine Mutter und meine Brüder.* [35]*Alle, die den Willen Gottes tun, sind mir Bruder und Schwester und Mutter* (Mk 3,33–35).

Die leibliche Familie wird hier verabschiedet, *draußen* stehen gelassen. Gleichzeitig wird eine neue Familie ins Leben gerufen: die um ihn sitzende Volksmenge, die den Willen Gottes tut. Die Art der Aufzählung in V 35 fällt in einer betont patriarchalen Gesellschaft besonders auf. Nicht der Vater steht an erster Stelle – er wird überhaupt nicht erwähnt. Die Mutter steht an letzter Stelle. An erster Stelle stehen die Geschwister. Wenn wir bedenken, dass nach vielen Zeugnissen urchristlicher Schriften die Mitglieder der christlichen Gemeinde als *Brüder und Schwestern* galten, ist zu vermuten, dass die Perikope weniger historische Probleme der leiblichen Familie Jesu anspricht, als vielmehr die christliche Gemeinde der 70er-Jahre im Auge hat. Wir werden Texten begegnen, nach denen vermutet werden muss, dass die Geschwisterlichkeit für die Gemeinde ein Problem war, dass in der Gemeinde Leute nach besonderen Rängen und Plätzen schielten bzw. für sich Vorrechte in Anspruch nahmen (vgl. Mk 9,33–37; 10,35–45).

Das Problem mit der Geschwisterlichkeit

Damit stellt sich einmal mehr die Frage, ob und wie die erzählte Episode für Gemeindeprobleme der 70er-Jahre durchsichtig ist, ob es vielleicht auch hier Leute mit der Einstellung von „Angehörigen“ gab. Aus einigen Stellen des Markusevangeliums wissen wir, dass es zur Zeit des Markus nicht ungefährlich war, sich zum Messias Jesus zu bekennen, was dann aber auch heißt, sich zur christlichen Gemeinde zu bekennen. Was die Leute ringsum verunsicherte, ja sogar gegen Christusgläubige aufbrachte, war weniger das Bekenntnis zu Jesus oder zu einer Gemeinde. Bekenntnisse und auch religiöse Gruppierungen und Kultvereine gab es im Römischen Reich viele. Es war vor allem die Weigerung der Christusgläubigen, nach den damaligen gesellschaftlichen Trends zu leben oder auch – wie man sagte – „nach römischer Art“ zu leben. Christinnen fielen weniger durch ihr besonderes Bekenntnis auf als durch ihre besondere Praxis. Das Besondere dieser Praxis bestand unter anderem im geschwisterlichen Umgang, den sie untereinander pflegten, und in der Ablehnung alles Hierarchischen (vgl. Mk 10,42–45). Den politischen Behörden, die die Kontrolle über die religiösen Vereinigungen ausübten, waren basisdemokratische Gruppierungen, wie man heute sagen würde, suspekt. Sie wollten wissen, mit wem sie es zu tun hatten und wen sie gegebenenfalls zur Verantwortung ziehen konnten. Unter solchen Umständen war es für christliche Gemeinden schwierig, das Prinzip der „Nachfolgegemeinschaft von Gleichgestellten" hoch zu halten. Kommt hinzu, dass sich auch innerhalb der christlichen Gemeinde immer wieder Leute anerboten, präzise Führungsaufgaben zu übernehmen und so der christlichen Gemeinde ein klareres Profil zu geben.

Es ist nicht auszuschließen, dass es in der Gemeinde Leute gab, die überzeugt waren, Jesus besonders nahe zu stehen, die meinten, ihn besonders gut zu kennen, und die sich immer wieder auf ihn beriefen. Sie machten ganz bestimmte Ansprüche geltend. Sie waren der Auffassung, dass ihnen innerhalb der Gemeinde mehr Rechte zukommen sollten als anderen. Sie verstanden sich als die einzig wahren Interpreten des Messias Jesus und spielten sich zu Sprechern und Leiterinnen der Gemeinden auf. Freilich mussten sie darauf bedacht sein, dass sie sich nicht allzu sehr exponierten, damit sie nicht doch wieder in eine allzu große Nähe zu Jesus gebracht wurden, was wiederum gewisse Gefahren mit sich bringen konnte. Gefahr drohte vor allem dann, wenn sich Gemeindemitglieder auf Jesus beriefen, um zu gesellschaftlichen und politischen Fragen prononciert Stellung zu nehmen. Die „Maßgebenden" durften unter keinen Umständen zulassen, dass Jesus als jemand verkündet wurde, der die Gesellschaft durcheinander brachte. Wir wissen, dass in den 70er-Jahren Christen immer wieder verdächtigt, schikaniert, wenn nicht gar verfolgt wurden (vgl. Mk 13,9–13). Es könnte den Gemeindeverantwortlichen oder denen, die sich als solche vorkommen, ähnlich ergehen wie es Jesus ergangen ist. Mitgegangen – mitgehangen. Sollten sie nicht – wie die Angehörigen damals – Jesus „nach Hause" holen und ihn so gewissermaßen unter die eigenen Fittiche nehmen? Sie taten das dadurch, dass sie die Anliegen Jesu verharmlosten, dass sie die Lehre und die Praxis Jesu so „zähmten", dass sie für alle akzeptabel wurden. Gleichzeitig konnten sie so auch eine gewisse Distanz zu Jesus zum Ausdruck bringen; sie wollten nämlich nicht mit Jesus in den gleichen Topf geworfen werden. Ob sie sich freilich dessen bewusst waren, dass sie so Jesus und sein Anliegen verrieten?

Es braucht nicht eigens darauf hingewiesen zu werden, dass es solche Einstellungen auch heute gibt – nicht zuletzt bei so genannten Kirchentreuen und Insidern oder gar Verantwortlichen. Sie nehmen für sich in Anspruch, Jesus zu kennen und zu wissen, was für ihn und die Menschen gut ist. Vor allem sind sie darauf bedacht, dass Gemeindemitglieder nicht etwas sagen oder tun, das die Ordnung in Kirche oder Gesellschaft durcheinander bringen könnte. Darum stellen sie Leute, die kompromisslos in der Nachfolge Jesu stehen, als Phantasten, Utopisten, Träumer und Naive hin, als nette und harmlose Leute, von denen nichts zu befürchten ist. So gelingt es ihnen, sie gleichzeitig zu verharmlosen und zu ihnen auf Distanz zu gehen; sie holen sie heim und halten sie dadurch unter Kontrolle, dass sie ihnen ein Redeverbot auferlegen. Dass sie Jesus so zu einem privaten, familiären Verehrungsobjekt machen, ist das eine; dass sie ihn im Grunde genommen ausschalten, ja verraten, ist das andere.

Leute mit der Einstellung der „Angehörigen“ sollen wissen: Sie mögen zwar als die „Seinen“ dastehen, sie mögen sogar seinen Namen tragen, in seiner Gemeinde Ämter bekleiden und das Sagen haben. Doch sie werden – wie die Angehörigen Jesu – *draußen* bleiben; sie werden den Weg zu ihm nicht finden.

Wer den Willen Gottes tut

Aber so endet der Evangelienabschnitt nicht. Es fehlt noch der positive Hinweis:

> *Wer ist meine Mutter, und wer sind meine Geschwister?* [34]*Und er blickte auf die Menschen, die im Kreis um ihn herumsaßen, und sagte: Das hier sind meine Mutter und meine Geschwister.* [35]*Alle, die den Willen Gottes tun, sind mir Bruder und Schwester und Mutter.*

Zwar berufen sich die Kirchen bis auf den heutigen Tag auf Jesus. Gleichzeitig ist festzustellen, dass Jesus und seine Sache anderswo sehr oft ebenso gut, wenn nicht sogar besser aufgehoben ist als in den Kirchen und bei denen, die Jesus und seine Sache dauernd im Munde führen. Erstaunt und beglückt können wir feststellen, dass es weltweit, aber auch lokal viele Schwestern und Brüder gibt, die sich einsetzen für die Menschenrechte, für die Mitwelt, für Frieden und Gerechtigkeit. Es sind Brüder und Schwestern, die mit der Kirche oder mit den Kirchen überhaupt nichts am Hut haben wollen, aber mit tiefem Ernst und großem Engagement das tun, was der Wille Gottes ist, wobei Kirchen und kirchliche Verantwortliche etliche Mühe haben, das, was da geschieht, zu sehen oder gar anzuerkennen.

Damals nicht weniger als heute muss es immer wieder gesagt werden: Kirche, Familie Gottes, ist nicht dort, wo wir es meinen oder wo Menschen in entsprechende Strukturen eingebettet sind, sondern dort, wo Schwestern und Brüder den Willen Gottes tun.

Das soll nicht nur ein Vorwurf an diejenigen sein, die unfehlbar zu wissen meinen, wo die Wahrheit ist; wir gehören ja ab und zu auch zu denen. Es soll vor allem ein Trost sein: Gott *kann dem Abraham auch aus Steinen Kinder erwecken* (vgl. Lk 3,8; Mt 3,9); Gott wird sein Reich dort verwirklichen, wo wir es am wenigsten vermuten. Wir müssen uns nur entscheiden, ob wir ihm dabei auch wirklich zur Hand gehen oder ob wir besserwisserisch „draußen“ bleiben wollen.

Übrigens zeigt sich hier ein weiterer Antwortversuch auf unsere Frage nach dem „Ort“.

Warum habt ihr solche Angst?
(Mk 4,40)

Kein Wunder-Gott

Auf den ersten Blick hin hat man den Eindruck, das vierte Kapitel des Markusevangeliums falle etwas auseinander. Da haben wir als Erstes eine Sammlung von Gleichnissen (Mk 4,3–9.13–20.21–23.25–29.30–32). Wann und wie es zu dieser Sammlung gekommen ist, lässt sich nur schwer sagen. Es fällt nur auf, dass jede kleine Einheit eingeleitet wird mit *Und er sagt(e) zu ihnen …* (V 13.21.24) oder auch nur *Und er sprach* (V 26 und 30). Dies ist ein untrügliches Zeichen dafür, dass hier verschiedene Einheiten aneinandergereiht wurden.

Nach dem ersten Gleichnis (4,3–9) haben wir eine Art Gleichnistheorie (4,10–12). Das zweite Gleichnis (4,13–20) ist eine Neuinterpretation des ersten. Die Einheit 4,24–25 ist zwar kein Gleichnis; seine Zugehörigkeit zur Sammlung ist aber durch das Stichwort *hören* gegeben. Die letzte Einheit, 4,33–34, bildet einen guten, verallgemeinernden Abschluss.

So weit, so gut. Aber was soll nun die sich anschließende Erzählung von der Sturmstillung (4,35–41) mit dieser Gleichnissammlung zu tun haben?

Für Markus war es klar. Ganz bewusst lässt er die Erzählung von der Sturmstillung der Gleichnissammlung folgen, wie das aus den folgenden Beobachtungen hervorgeht.

Die Gleichnissammlung leitet er mit diesen Versen ein:

[1]Und wieder begann er am Meer zu lehren, und eine sehr große Volksmenge versammelte sich bei ihm. So stieg er in ein Boot auf dem Meer und setzte sich, während die Leute am Ufer zum Meer hin waren. [2]Und er lehrte sie vieles in Gleichnissen, und in seiner Lehre sagte er zu ihnen …

Mittlerweile haben wir den Stil des Markus schon so gut kennen gelernt, dass es uns ein Leichtes ist, diese Szenerie ihm als Redaktor zuzuschreiben. Folgende Stichworte legen das nahe: *er beginnt zu lehren*, Jesus und die Leute sind *am Meer*, es gibt *viel Volk*, Jesus *setzt sich*, um zu *lehren*, es ist eine *Lehre in Gleichnissen*.

Auf diese redaktionelle Szenerie greift Markus zurück, wenn er nach dem Gleichniskapitel in Mk 4,35 die Erzählung der Sturmstillung mit folgender Einleitung beginnt:

[35]Am Abend dieses Tages sagte er zu ihnen: Wir wollen ans andere Ufer hinüberfahren. [36]Sie schickten die Leute fort und fuhren mit ihm in dem Boot, in dem er saß, weg …

Diese Einleitung entspricht auch dem vorausgehenden Abschluss des Gleichniskapitels, 4,33–34, wo es heißt:

[33]Mit vielen solchen Gleichnissen verkündete er ihnen das Wort, so wie sie es hören konnten. [34]Ohne Gleichnisse redete er nicht zu ihnen; seinen Jüngerinnen und Jüngern aber erklärte er alles, wenn er mit ihnen allein war.

In V 36 schicken sie dann die Leute fort. Das hat zur Folge, dass bei der zu erzählenden Begebenheit Jesus und die Jünger und Jüngerinnen *allein* sind. Wir werden gleich darauf zurückkommen.

Wenn Markus so sehr daran lag, die Erzählung von der Sturmstillung mit dem Gleichniskapitel zu verknüpfen, dürfen wir davon ausgehen, dass er überzeugt war, dass die Sturmstillung auch inhaltlich etwas mit den Gleichnissen zu tun hat. Dies soll im Folgenden gezeigt werden.

Kein Neuanfang

Zuerst einmal ist festzuhalten: Auch das vierte Kapitel ist kein Neuanfang. Wir müssen vor Augen halten, was in den vorausgehenden Kapiteln geschehen ist. Jesus hatte das Evangelium Gottes ausgerufen, die neue Zeit und das Kommen des Gottesreiches angekündigt und aufgedeckt und die Konsequenzen deutlich gemacht: *Kehrt um und glaubt!* (Mk 1,14–15). Die folgenden Abschnitte waren Illustrationen und Verdeutlichungen dieser Predigt. Gleichzeitig wuchs auch der Widerstand gegen Jesus. Im 3. Kapitel verabredeten die Pharisäer mit den Herodianern die Tötung Jesu (3,6). Die Praxis Jesu wurde deswegen nicht eingeschränkt (3,7–12). Im Gegenteil: Jesus setzte die Zwölf ein und teilte mit ihnen seine Sendung und sein Charisma (3,13–19). Der Widerstand wurde dadurch nicht geringer. Die Verwandten suchten sich hinter der Schutzbehauptung zu verbergen, dass Jesus von Sinnen sei (3,20–21), und die Schriftgelehrten, die von Jerusalem kamen, diffamierten ihn mit der Behauptung, er sei besessen, und durch den obersten der Dämonen treibe er Dämonen aus. Es kam zu einer Art Scheidung zwischen denen, die *um ihn herum* saßen und denen, die *draußen* standen.

Damit ist noch nicht alles gesagt. Verschiedene Themen bedürfen nach der Auffassung des Markus der Vertiefung. Offensichtlich war das Thema *Reich Gottes* trotz allem noch nicht geklärt; die Erwartungen waren zu verschieden. Auch die Frage, wie man sich dem Kommen Gottes gegenüber zu verhalten habe, war noch nicht genügend beantwortet. Es gelang auch den Gutwilligen nicht, das *Reich Gottes* mit den Banalitäten des täglichen Lebens und erst noch mit den leidvollen Erfahrungen der Verfolgung zusammenzubringen. Jesus – oder Markus – sah sich veranlasst, die *erfüllte Zeit*, das *Reich Gottes, Umkehr* und *Glaube* nicht nur durch die Praxis, sondern auch „argumentativ" durch das *Wort* zu veranschaulichen. Dafür stehen jetzt die Gleichnisse.

Die Zuversicht des Landmanns

Versuchen wir, uns in die Situation der Leute in der Umgebung Jesu oder auch in die der christlichen Gemeinden einige Jahrzehnte später hineinzubegeben. Zwar waren die jeweiligen Situationen voneinander verschieden, aber doch nicht so, dass sie nichts miteinander zu tun gehabt hätten. Die Bedenken gegenüber Jesu Ankündigung der Gottesherrschaft sind verständlich, wenn man sich in Erinnerung ruft, was dieser Herrschaft Gottes und der beginnenden Jesusbewegung entgegenstand: die römische Besatzungsmacht, die überall ihre Aufpasser hatte; die Sadduzäer, die aus ihrer Gegnerschaft zu Jesus kein Hehl machten und alles beargwöhnten; die Pharisäer, für die das Auftreten und die Predigt Jesu im Gegensatz zu ihren Glaubensüberzeugungen und zu ihrer Praxis standen; die Frauen und Männer, die in der Schrift bewandert waren und stets die besseren Argumente auf ihrer Seite hatten; die Zeloten, die die Konzeptlosigkeit und die mangelnde Organisation der Jesusbewegung kritisierten; die Begüterten, die sich herausgefordert sahen, ihren Reichtum zu teilen; eigene Sorgen, Familienzwistigkeiten, Rechtsstreitigkeiten, Denunziationen, die noch so kleine Hoffnungsfunken erstickten ... Mutlosigkeit machte sich breit und Zweifel, ob sich der Einsatz überhaupt lohnt. Und da sagt Jesus:

> [3]*Hört!*

Es ist, als ob Jesus die Leute von ihren Bedenken und Sorgen ablenken und zum Wesentlichen hinführen möchte: *Hört!* Nach diesem Aufruf fährt Jesus fort:

> *Siehe, ein Sämann ging hinaus um zu säen.*
> [4]*Und es geschah beim Säen: Das eine fiel auf den Weg, und die Vögel kamen und fraßen es auf.*
> [5]*Und anderes fiel auf felsigen Boden, wo es nur wenig Erde gab, und ging sofort auf, weil das Erdreich nicht tief war;* [6]*als aber die Sonne hochstieg, wurde es versengt und vertrocknete, weil es keine Wurzeln hatte.*
> [7]*Und anderes fiel in die Dornen, und die Dornen wuchsen und erstickten es, und es brachte keine Frucht.*
> [8]*Vieles schließlich fiel auf guten Boden und brachte Frucht; es ging auf und wuchs empor und trug dreißigfach, ja sechzigfach und hundertfach* (Mk 4,3–8).

Und Jesus fügt hinzu:

> [9]*Wer Ohren hat zu hören, der höre!*

Auf was soll man bei diesem Gleichnis achten? Auf den *Sämann*? Von ihm heißt es eigentlich nur, dass er sät. Dass dabei einiges auf den Weg fällt, einiges auf steinigen Grund, einiges unter die Dornen, das nimmt er offensichtlich in Kauf. Beim Säen soll man nicht kleinlich sein. Der Landmann weiß: Der Same, der auf gutes Erdreich fällt, wird gute Frucht bringen.

Soll man auf den *Samen* achten? Von ihm heißt es nur, dass er *fällt*. Freilich, das Schicksal der Samenkörner ist recht unterschiedlich. Einige fallen auf den Weg; die Vögel picken sie auf. Einige fallen auf steinigen Grund; sie schießen schnell auf, können aber nicht in die Tiefe wachsen und werden bald schon von der Sonne versengt. Einige fallen unter die Dornen; dort ersticken sie. Die allermeisten aber fallen auf gutes Erdreich und bringen reiche Frucht.

Vielleicht sollten wir auf das *Erdreich* achten. Da ist einmal der platt gestampfte Weg; der taugt freilich nicht für die Aufnahme des Samens. Dann ist da zwar Erde, aber gleich darunter sind Steine und Felsen; etwas Richtiges kann da nicht gedeihen. Dann wieder gibt es Dornen; sie werden dem Samen weder Licht noch Raum gönnen, dass er gedeihen könnte. Aber dann fällt doch das meiste auf gutes Erdreich und bringt reiche Frucht.

Ob wir auf den Sämann achten, auf den Samen oder auf das Erdreich: am Schluss steht reiche Frucht. Und was für eine Frucht! Dreißig-, sechzig-, hundertfältige. Das dürfte zwar eine Übertreibung sein. Aber sind es nicht gerade diese Übertreibungen, die uns auf das Sprengende und Über-sich-Hinausweisende der Gleichnisse aufmerksam machen?

Wir verstehen jetzt auch ein bisschen die Unbekümmertheit des Sämanns – oder ist es vielleicht (auch) Trotz? So geht es halt, dass beim Säen einige auf den Weg fallen oder auf steinigen Boden oder in die Dornen. Soll der Sämann deswegen jedes Mal seinen schwungvollen Rhythmus (man denke an Vincent van Goghs Bild vom Sämann) unterbrechen und jedem Samenkorn eigens nacheilen? Er weiß doch, dass das allermeiste auf gutes Erdreich fällt und dreißig-, sechzig- und hundertfältige Frucht bringt.

So ist es mit dem Reich Gottes. Es wird sich durchsetzen, auch wenn noch so vieles dagegen spricht.

Gewiss ist das ein starkes Gleichnis, auch wenn ich mir durchaus bewusst bin, dass es dazu noch andere Deutungen gibt. Da ist aber noch etwas, das wir keinesfalls überhören oder übersehen dürfen: die am Anfang und am Schluss so betonte Aufforderung zu *hören*. Ob sie wohl von Markus hinzugefügt wurde?

Hört!

Sicher stammen von Markus die folgenden Verse, wenn nicht gar die ganze von den Jüngerinnen gewünschte Erklärung des Gleichnisses.

> 10 *Als er allein war, fragten ihn die um ihn herum mit den Zwölf nach dem Sinn seiner Gleichnisse.*
> 11 *Und er sagte zu ihnen: Euch ist das Geheimnis des Reiches Gottes gegeben; denen aber, die draußen sind, geschieht alles in Gleichnissen;* 12 *damit Sehende sehen und nicht schauen und Hörende hören und nicht verstehen, damit sie nicht etwa umkehren und ihnen vergeben wird* (Mk 4,10–12).

Dass Jesus nach einer öffentlichen Rede denen, die ihm nachfolgen, noch gesonderten Unterricht erteilt, ist für Markus typisch (vgl. 4,34; 6,31; 7,17; 9,28, oder auch 9,2; 13,3). Auch der szenische Hinweis auf diejenigen, *die um ihn herum* und diejenigen, *die draußen* sind, ist uns bereits bekannt (vgl. 3,31–35). Ohne inhaltlich näher auf diesen schwierigen Text einzugehen, können wir doch so viel vermuten: Es gibt ein *Hören* und ein *Hören*. Es gibt Leute, die *hören und doch nicht verstehen*. Ein rein äußerliches Hören nützt nichts. Im Gegenteil. V 12 ist im Anschluss an Jes 6,9–10 ein prophetisch-drohendes Wort: Wenn ihr nur äußerlich hören wollt, wenn ihr das Wort nicht auch in euch aufnehmt und zur Entfaltung bringt; wenn ihr nur äußerlich sehen, aber euch nicht selbst ins Spiel bringen wollt: dann bleibt ihr eben *draußen*. Ihr werdet die Konsequenzen selber tragen müssen: Es wird euch weder Umkehr möglich sein noch wird euch Vergebung zuteil.

Die Deutung des Gleichnisses macht nach diesen Vorbemerkungen kaum noch Schwierigkeiten:

13*Und er sagt zu ihnen: Wenn ihr schon dieses Gleichnis nicht versteht, wie wollt ihr dann all die anderen Gleichnisse verstehen?*
14*Der Sämann sät das Wort.*
15*Auf den Weg fällt das Wort bei denen, die es zwar hören, aber sofort kommt der Satan und nimmt das Wort weg, das in sie gesät wurde.*
16*Ähnlich ist es bei den Menschen, bei denen das Wort auf felsigen Boden fällt: Sobald sie es hören, nehmen sie es freudig auf;*
17*aber sie haben keine Wurzeln, sondern sind unbeständig, und wenn sie dann um des Wortes willen bedrängt oder verfolgt werden, nehmen sie sofort Anstoß.*
18*Bei anderen fällt das Wort in die Dornen: Sie hören zwar das Wort,* 19*aber die Sorgen der Welt, der trügerische Reichtum und die Gier nach all den anderen Dingen machen sich breit und ersticken das Wort, und es bringt keine Frucht.*

[20]*Auf guten Boden ist bei denen gesät, die das Wort hören und aufnehmen und Frucht bringen, dreißigfach und sechzigfach und hundertfach* (Mk 4,13–20).

Kein Zweifel: Es geht ums *Hören*. Bis jetzt sind wir dem Verb *hören* in diesem kurzen Abschnitt bereits 11-mal begegnet, und zum 12. Mal finden wir es gleich anschließend:

[24]*Und er sagte zu ihnen: Achtet auf das, was ihr hört!*

Kein Zweifel auch, dass bei dieser Deutung des Gleichnisses die christliche Gemeinde angesprochen ist – und über sie freilich alle Leserinnen. Hören allein genügt nicht. Zum Hören gehört auch das *Aufnehmen* und *Frucht bringen*. Könnte man vielleicht auch sagen: das *Glauben*? Wenn wir die Erzählung von der Sturmstillung vor Augen haben – die Jünger wecken Jesus auf und schreien: *Kümmert es dich nicht, dass wir zugrunde gehen?* – darf man sich schon fragen, ob die Jünger und Jüngerinnen über das rein äußerliche Hören und Sehen hinaus gekommen sind. Jesus auf alle Fälle kann ihnen den Vorwurf nicht ersparen: *Warum habt ihr solche Angst? Habt ihr noch keinen Glauben?*

Der schlafende Landmann

Die Szene ist eindrücklich beschrieben: Jesus schläft im Boot, während sich das Boot mit Wasser füllt; diejenigen, die ihn begleiten, wecken Jesus voller Angst und vorwurfsvoll auf – könnte das möglicherweise etwas mit folgendem Gleichnis zu tun haben?

Halten wir uns wieder zuerst die Situation der Jünger zur Zeit Jesu oder auch die der Christinnen zur Zeit des Markus vor Augen. Da ist die Rede vom *Reich Gottes*, doch dabei ist alles so normal, nichts, das einen vom Stuhl reißen könnte. Auch Jesus scheint nichts zu unternehmen, das die Sache endlich vorwärts brächte. Im Gegenteil. Er lässt sich von einer fiebrigen Schwiegermutter aufhalten (Mk 1,29–31) – als ob das so dringend wäre. Stundenlang verweilt er mit Sündern und Zöllnern, mit Leuten, von denen doch nichts Gutes zu erwarten ist; er isst und trinkt sogar mit ihnen (Mk 2,15–17) – als ob das das Wichtigste der Welt wäre. Dabei wäre doch das Wichtigste – wie er selbst sagt – das Reich Gottes. Er lässt sich von Frauen aufhalten, die mit ihren Kindern kommen (Mk 10,13) – was sollen denn die mit dem Königtum Gottes zu tun haben? Auch Wohlmeinende, die nicht dazu gehören, machen sich ihre Gedanken: Muss er sich denn ausgerechnet mit diesen schwerfälligen Galiläern umgeben? Dabei gäbe es in den Jerusalemer Pharisäerschulen so stramme und intelligente und unternehmungslustige Männer. Viele lächeln bereits, ja spotten nur noch: „Das soll das Reich Gottes sein, die Herrschaft Gottes, die doch mit Glanz und Glorie erscheinen und alle Skeptiker überzeugen soll? Auf was wartet er denn noch? Wäre es nicht an der Zeit, endlich aufzuwachen und zuzuschlagen?" Manche waren versucht, diesem Reich Gottes auf ihre Art „nachzuhelfen". Jesus antwortet mit einem Gleichnis:

> [26]*Und er sagte: Mit dem Reich Gottes ist es so, wie wenn ein Mann*
> *Samen auf seinen Acker sät;* [27]*dann schläft er und steht wieder*
> *auf, es wird Nacht und wird Tag, der Samen keimt und wächst,*
> *und der Mann weiß nicht, wie.* [28]*Von selbst bringt die Erde*
> *Frucht, zuerst den Halm, dann die Ähre, dann voller Weizen in*
> *der Ähre.* [29]*Sobald aber die Frucht reif ist, legt er die Sichel an;*
> *denn die Zeit der Ernte ist da.*

So ist es mit dem Königtum Gottes.

Und als man ihn darauf hinwies, wie klein und mickrig das alles ist, wie sein ganzes Unternehmen nicht nur je länger je mehr zum Objekt des Spotts wird, sondern bald schon von der Erdoberfläche verschwinden würde, antwortet er wieder mit einem Gleichnis:

> 30 *Und er sagte: Womit sollen wir das Reich Gottes vergleichen,*
> *mit welchem Gleichnis sollen wir es beschreiben?*
> 31 *Es ist wie mit einem Senfkorn; es ist das kleinste von allen Sa-*
> *menkörnern, die man in die Erde sät.* 32 *Ist es aber gesät, dann*
> *geht es auf und wird größer als alle anderen Gartengewächse*
> *und treibt große Zweige, so dass in seinem Schatten die Vögel des*
> *Himmels wohnen können.*

Selbst Leute aus der Nähe Jesu können von Gott, vom Reich Gottes, von der Herrschaft Gottes recht seltsame Vorstellungen haben. Sie suchen Gott überall, weil sie unbedingt wissen wollen, wo er ist, damit sie ihn in schwierigen Situationen aufrufen können. Sie heben immer gleich ab, wenn von der Herrschaft Gottes die Rede ist. Es gelingt ihnen einfach nicht, Gott und ihre eigene mickrige und dreckige und gefahrvolle, dafür aber wirkliche und konkrete Welt zusammen zu bringen.

Die Frage nach dem Glauben

Den Abschluss der Gleichnissammlung und den Übergang zur folgenden Erzählung haben wir uns bereits angesehen.

> 33 *Mit vielen solchen Gleichnissen verkündete er ihnen das Wort,*
> *so wie sie es hören konnten.* 34 *Ohne Gleichnisse redete er nicht zu*

ihnen; denen aber, die ihm nachfolgten, erklärte er alles, wenn er mit ihnen allein war.

Was nun folgt, hat wieder etwas mit dem *Wort* zu tun, das nicht nur zu *hören*, sondern eben zu *glauben* ist. Diese Einsicht möchte Jesus seinen Jüngern bzw. Markus seinen Gemeinden gegenüber vertiefen. Geschickt gestaltet Markus die Einleitung so, dass er die Jünger mit Jesus bzw. Jesus mit den Jüngern allein sein lässt; dafür müssen diese in der Erzählung die Leute fortschicken.

35Am Abend dieses Tages sagte er zu ihnen: Wir wollen ans ande-
re Ufer hinüberfahren. 36Sie schickten die Leute fort und fuhren
mit ihm in dem Boot, in dem er saß, weg; einige andere Boote be-
gleiteten ihn. 37Plötzlich erhob sich ein heftiger Wirbelsturm, und
die Wellen schlugen in das Boot, sodass es sich mit Wasser zu fül-
len begann. 38Er aber lag hinten im Boot auf einem Kissen und
schlief. Sie weckten ihn und riefen: Meister, kümmert es dich
nicht, dass wir zugrunde gehen? 39Da stand er auf, drohte dem
Wind und sagte zu dem Meer: Schweig, sei still! Und der Wind leg-
te sich, und es trat völlige Stille ein. 40Er sagte zu ihnen: Warum
habt ihr solche Angst? Habt ihr noch keinen Glauben? 41Da ergriff
sie große Furcht, und sie sagten zueinander: Was ist das für ein
Mensch, dass ihm sogar der Wind und das Meer gehorchen?

Das Wegschicken der Leute ist nicht der einzige Eingriff, den Markus sich erlaubt. V 40 will nicht so recht in die Erzählung hineinpassen. Zum einen kommt dieser Vorwurf zu Unrecht. Mag sein, dass die Jünger Angst hatten; dass sie aber keinen Glauben hatten, stimmt so nicht, sonst hätten sie sich in ihrer Not nicht an Jesus gewandt. Zum anderen kommt der Vorwurf nicht zur rechten Zeit. Logischer wäre es doch gewesen, wenn Jesus den Jüngern den Vorwurf der Angst und des Unglaubens gemacht hätte, bevor er den Sturm stillte. Bei der jetzigen Abfolge des Geschehens gibt ja Jesus den Jüngern wenigstens indirekt Recht, dass sie ihn um Hilfe angerufen haben: Er stillt den Sturm. Matthäus, der sonst der Markusvorlage folgt, hat darum die Reihenfolge abgeändert – wahrscheinlich deswegen, weil er sie so logischer findet:

Mk 4,35–41	Mt 8,18.23–27
37 *Plötzlich erhob sich ein heftiger Wirbelsturm, und die Wellen schlugen in das Boot, so dass es sich mit Wasser zu füllen begann.* 38 *Er aber lag hinten im Boot auf einem Kissen und schlief.*	24 *Plötzlich brach auf dem Meer ein gewaltiger Sturm los, so dass das Boot von den Wellen überflutet wurde. Jesus aber schlief.*
Sie weckten ihn und riefen: Meister, kümmert es dich nicht, dass wir zugrunde gehen?	25 *Da traten die Jünger zu ihm und weckten ihn; sie riefen: Herr, rette uns, wir gehen zugrunde!* 26 *Er sagte zu ihnen: Warum habt ihr solche Angst, ihr Kleingläubigen?*
39 *Da stand er auf, drohte dem Wind und sagte zu dem Meer: Schweig, sei still! Und der Wind legte sich, und es trat völlige Stille ein.*	*Dann stand er auf, drohte den Winden und dem Meer,* *und es trat völlige Stille ein.*
40 *Er sagte zu ihnen: Warum habt ihr solche Angst? Habt ihr noch keinen Glauben?*	

Mit diesen beiden Eingriffen, V 36 (die Entlassung der Leute) und V 40 (Vorwurf des Unglaubens) gestaltete Markus einen traditionellen Wunderbericht in eine Jüngerbelehrung um. Die *vor*markinische Wundererzählung – also ohne die Verse 36 und 40 – wird ungefähr so gelautet haben:

> [35]Am Abend dieses Tages sagte er zu ihnen: Wir wollen ans andere Ufer hinüberfahren.
> [37]Plötzlich erhob sich ein heftiger Wirbelsturm, und die Wellen schlugen in das Boot, so dass es sich mit Wasser zu füllen
> begann. [38]Er aber lag hinten im Boot auf einem Kissen und schlief. Sie weckten ihn und riefen: Meister, kümmert es dich
> nicht, dass wir zugrunde gehen? [39]Da stand er auf, drohte dem Wind und sagte zu dem See: Schweig, sei still! Und der Wind legte sich, und es trat völlige Stille ein.
> [41]Da ergriff sie große Furcht, und sie sagten zueinander: Was ist das für ein Mensch, dass ihm sogar der Wind und der See gehorchen?!

Eine Wundererzählung, die zu kurz greift

Der *literarischen Form* nach haben wir es mit einem so genannten Rettungswunder zu tun, das einem Exorzismus nachempfunden ist, wie das die scheltende bzw. drohende Anrede V 39a nahe legt. Die typischen Motive einer Wundererzählung sind alle gegeben:
- Einleitung V 35
- Schilderung der Not V 37
- Bitte um Rettung V 38
- Rettungswort V 39a
- Feststellung des Erfolgs V 39b
- Staunen und Chorschluss V 41

Die *theologischen Motive* verweisen auf das Alte Testament und auf die jüdische Umwelt: Von Gottes Macht über Meer und Sturm ist in den Psalmen nicht selten die Rede (vgl. Ps 65,8; 107,23ff), ebenso vom Kampf Gottes gegen das Meer als Ungeheuer (vgl. Ps 74,13). Das *Drohen* erinnert hier und da auch an den Kampf Gottes gegen die Feinde (Israels) (vgl. Ps 68,31; Ps 106,9; Ps 119,21; Sach 3,2). Auf unsere Perikope übertragen bedeutet das: Jesus droht, kämpft und siegt wie der Gott des Alten Testaments.

Damit sind aber noch nicht alle Themen aufgezählt. Sturm und Wasser stehen nicht selten für Anfechtungen des Glaubens (vgl. Ps 69,2f.15f). Dass der Schlaf Vertrauen und Sicherheit zum Ausdruck bringen kann, ist bekannt (vgl. Ps 4,9). Nicht zu vergessen sind das Buch Jona und ähnlich einprägsame Erzählungen, die sich in der Umwelt des Neuen Testaments finden. Der langen Rede kurzer Sinn: Im vormarkinischen Wunderbericht trägt Jesus die Züge Gottes, des Siegers über die bösen Mächte und lädt die Hörerinnen und Leser ein, sich an diesem Jesus vertrauensvoll festzumachen wie an JHWH selbst. Dies ist zweifelsohne eine wundervolle Geschichte, eine Geschichte voll Glauben und Vertrauen.

Doch irgendetwas scheint Markus an dieser Geschichte als störend empfunden zu haben. Er wollte nicht, dass sie „einfach so" erzählt wird. Ja, die Tatsache, dass des Öftern im Evangelium auf ein Wunder ein Schweigegebot folgt, lässt vermuten, dass Markus große Bedenken hatte, wenn Leute von Jesus Wunder erzählten. Gründe dafür dürften im Wesentlichen folgende sein:

- Jesus soll nicht als Wunderwirker und auch nicht als Lückenbüßer hingestellt werden. Jesus steht an Stelle Gottes – da würde Markus durchaus sein Einverständnis geben. Allerdings müsste zuerst einmal abgeklärt werden, wer dieser Gott ist. Und da ist eines sicher: Gott ist kein Wunderwirker-Gott.

- Markus will das Leben, Sterben und Auferstehen Jesu als *Evangelium* erzählen. Zu diesem Evangelium gehört auch der schmachvolle Tod am Kreuz. Wie soll ein Wunderwirker am Kreuz sterben!? Würden denn da nicht diejenigen ins Recht versetzt, die unter dem Kreuz lästern: *Ach, du willst den Tempel niederreißen und in drei Tagen wieder aufbauen? Hilf dir doch selbst, und steig herab vom Kreuz!* Oder die Hohenpriester und Schriftgelehrten, die sagen: *Andere hat er gerettet, sich selbst kann er nicht retten. Der Messias, der König von Israel! Er soll doch jetzt vom Kreuz herabsteigen, damit wir sehen und glauben* (Mk 15,29–32).
- Ein ganz entscheidender Grund, weswegen Markus Wundererzählungen gegenüber sehr skeptisch war, ist auch dieser: Ein Wunder-Messias oder ein Wunder-Gott entspricht überhaupt nicht unseren Erfahrungen.

Eine Katechetin erzählte einmal diese Geschichte: Während einer Unterrichtsstunde besprach sie mit den Kindern die Erzählung von der Auferweckung der Tochter des Jairus (Mk 5,21–24.35–43). Es muss eine erhebende, ja festliche Stunde gewesen sein. Am Schluss der Lektion tanzten alle Kinder miteinander und sangen ein Lied, das ungefähr so lautete: „Das Töchterlein von Jairus lebt. Lasst uns jubeln und Gott danken!" Als nach der Unterrichtsstunde die Kinder heimgegangen waren, blieb ein Bub zurück. Er wollte nicht nach Hause gehen. Als die Katechetin ihn nach dem Grund fragte, sagte er: „Mein Bruder ist während des letzten Urlaubs gestorben. Was nützt es ihm, wenn Jesus die Tochter des Jairus auferweckt? Mein Bruder ist tot. Niemand hat ihn auferweckt. Auch nicht Jesus."

Das Erzählen von Wundern weckt falsche Hoffnungen. Jesus ist kein Wunderwirker. Gott soll man nicht an Wundern festmachen. Solche Wunder sind für Markus nicht der Ort Gottes.

Kein Wunsch-Gott

Das dürften wohl die Gründe dafür sein, dass Markus einen ursprünglichen Wunderbericht – der irgendwann einmal durchaus seine Berechtigung haben konnte – zu einer Belehrung über den Glauben bzw. Unglauben umgestaltete. Die Gemeinde ist in großer Bedrängnis – man denke an die Repressionen seitens der zivilen und religiösen Behörden (vgl. Mk 13,9.12–13) –, sieht sich im Stich gelassen und schreit zu Jesus, damit er sie aus der Bedrängnis befreie. Jesus geht zwar auf den Hilferuf ein und bringt den Sturm zum Schweigen, gleichzeitig interpretiert er aber den Hilferuf der Jünger als Zeichen von Ängstlichkeit und Unglauben. Die Schlussbemerkung mit dem Chorschluss in V 41 – *Da ergriff sie große Furcht, und sie sagten zueinander: Was ist das für ein Mensch, dass ihm sogar der Wind und der See gehorchen?!* – hat jetzt, nach Jesu Vorwurf, eine völlig andere Funktion: Sie ist nicht mehr Äußerung des Staunens und des Ergriffenseins als Reaktion auf das Wunder, sondern bringt tiefes Befremden, ja Unverständnis zum Ausdruck.

Mit anderen Worten: Jesus ist weder ein Lückenbüßer noch ein Wunderwirker. Leiden und Anfechtungen gehören zum Realismus des Menschseins und sollen nicht aus dem menschlichen Leben herausgezaubert oder wegdiskutiert werden. Verfolgungen und Bedrängnisse gehören zum Realismus des Glaubens. Nicht um wunderbare Befreiung geht es, sondern um das Mitgehen des Messias bzw. des Heiligen Geistes (vgl. Mk 13,11) inmitten der Bedrängnisse. Wenn Jesus inmitten der Turbulenzen auf dem Boot schläft, ist das nicht ein Zeichen der Interesselosigkeit, sondern Zeichen seines Vertrauens in seine Jünger. Wenn Jesus ihnen Ängstlichkeit und Unglauben vorwirft, tadelt er damit auch ihr mangelndes Selbstvertrauen.

... wie ein Senfkorn

Bei der Markus-Erzählung von der Sturmstillung geht es im Grunde genommen um die Gottesfrage. Menschen möchten Gottes sicher sein. Sie möchten wissen, woran sie sind. Sie möchten, dass ihnen Gott zur Verfügung steht, besonders in schwierigen Zeiten. Darum muss es ein starker Gott sein, ein allmächtiger, ein faszinierender, einer, der imponiert und mit dem man auch imponieren kann. Einer, der Wunder wirken kann. Einer, der etwas taugt. Einer, für den man guten Gewissens auch Propaganda machen kann. Einen solchen Gott ist man durchaus bereit zu verehren und anzubeten, ihm Kirchen und Tempel zu bauen, ihm zu Ehren Feste zu feiern und Lieder zu singen – wenn er uns ansonsten nur in Ruhe lässt.

Obige Zeilen könnten eine Stellenausschreibung für einen lieben Gott sein oder das Stellenprofil eines Wunsch-Gottes.

Nur: Der Gott Jesu wird sich für eine solche Stelle nicht melden. Wenn schon Profil, dann höchstens das eines Senfkorns; *es ist das kleinste von allen Samenkörnern ...*

Versteht ihr immer noch nicht?
(Mk 8,21)

Versteinerte Herzen

Das Thema *Wunder* beschäftigte nicht nur Markus, sondern ebenso sehr die Gemeinden, an die er sein Evangelium schrieb. Das 5. Kapitel berichtet von drei Wundern. Keines von ihnen hat Markus „erfunden“, bei allen dreien setzte er aber seine eigenen Akzente. Das erste ist eine breit ausgefaltete Erzählung einer Dämonenaustreibung (Mk 5,1–20). Was es mit Dämonenaustreibungen auf sich hat, haben wir bereits gesehen (vgl. S. 75–79). Es geht um die Befreiung der Menschen von unterdrückenden Mächten, was immer auch mit ihnen konkret gemeint ist. Der zweite und der dritte Wunderbericht sind auf gut markinische Art ineinander verschachtelt. Ähnlich wie bei der Sturmstillung steht nicht mehr das Wunder im Zentrum, sondern der *Glaube*. Der blutflüssigen, *unreinen* Frau, die dadurch, dass sie den Saum von Jesu Gewand berührte, ein bedeutendes Tabu der damaligen Zeit brach und geheilt wurde, sagt Jesus: *Dein Glaube hat dich gerettet* (5,34). Dem Vater des verstorbenen Töchterchens, dem Synagogenvorsteher Jairus, ruft Jesus zu: *Hab keine Angst, glaube nur!* (5,36). Wir haben noch den Vorwurf an die Jünger bei der Sturmstillung im Ohr: *Warum habt ihr solche Angst? Habt ihr noch keinen Glauben?* (Mk 4,35–41). Es ist der Glaube, der die (Todes-)Angst überwindet. Wie bei der kranken Schwiegermutter des Simon (1,29–31) geht Jesus auf das Mädchen zu, *packt es bei der Hand und sagt ihm ‚Talita kum‘, was über-*

setzt heißt: Mädchen, ich sage dir, richte dich auf! Und sofort stand das Mädchen auf und ging umher ... (5,41–42). Und wieder hören wir die Ausdrücke des *Aufrichtens*, des *Auferweckens* und *Auferstehens* wie in der Osterbotschaft (vgl. Mk 16,6; 1Kor 15,4).

Und er wunderte sich über ihren Unglauben

Aber all diese wichtigen Akzente gehen verloren, wenn man von Jesus einfach nur erzählt, er habe Wunder gewirkt. Offensichtlich ist es so auch den Leuten in Nazaret ergangen, wie Markus in 6,1–6 berichtet:

> *[1]Von dort brach er auf und kam in seine Vaterstadt; seine Jünger
> folgten ihm. [2]Als es Sabbat geworden war, begann er in der Syn-
> agoge zu lehren. Und die vielen Menschen, die ihm zuhörten, wa-
> ren außer sich und sagten: Woher hat er das alles? Was ist das
> für eine Weisheit, die ihm gegeben ist! Und was sind das für Wun-
> der, die durch ihn geschehen! [3]Ist das nicht der Bauarbeiter, der
> Sohn der Maria und der Bruder von Jakobus und Joses und Ju-
> das und Simon? Und sind nicht seine Schwestern hier bei uns?
> Und sie nahmen Anstoß an ihm.*
> *[4]Und Jesus sagte zu ihnen: Nirgends hat ein Prophet so wenig An-
> sehen wie in seiner Vaterstadt, bei seinen Verwandten und in sei-
> nem Haus.*
> *[5]Und er konnte dort kein Wunder tun; nur einigen wenigen Kran-
> ken legte er die Hände auf und heilte sie. [6]Und er wunderte sich
> über ihren Unglauben. Und er zog durch die umliegenden Dörfer
> und lehrte.*

Jesus *lehrt*. Wie wir weiter oben gesehen haben, ist der Inhalt dieser Lehre das Aufdecken des Reiches Gottes und die Befreiung der Menschen. Die Leute *hören* und *sehen* davon, von seiner Weisheit, von seinen Wundern und Machttaten. Und doch: *Sie sehen und sehen doch nichts; sie hören und verstehen doch nichts* (vgl. Mk 4,12). Sie bleiben beim Äußerlichen stehen: beim Bauarbeiter Jesus („Zimmermann“ ist eine etwas zu hochtrabende Bezeichnung für den Beruf, der im Griechischen gemeint ist), bei seiner Familie, bei seiner Mutter, bei seinen Brüdern und Schwestern. Das alles kommt ihnen zu bekannt vor, zu gewöhnlich. Es gelingt ihnen nicht, das von Jesus verkündete und praktizierte Kommen Gottes mit dem Bauhandwerker zusammenzubringen, mit seiner Mutter und seinen Geschwistern. Sie weigern sich zu akzeptieren, dass Gott mit dem Gewöhnlichen, Unscheinbaren, Bekannten etwas zu tun haben könnte. *Sie nahmen Anstoß an ihm*; sie lassen nicht zu, dass Gott ins allzu Gewöhnliche, allzu Alltägliche gezogen wird. Mit dieser Haltung freilich blockieren sie nicht nur Jesus, sondern auch sich selbst.

Von Jesus heißt es, *er konnte dort kein Wunder tun; nur einigen Kranken legte er die Hände auf und heilte sie*. Das sollten wir sehr ernst nehmen: Er *konnte* dort keine Wunder wirken. Nicht: Er *wollte* dort keine Wunder tun – vielleicht um die Leute für ihren Unglauben zu bestrafen; nein, er *konnte* dort keine Wunder tun, er *vermochte* es nicht. Hinter dem Verb *vermögen* steht das Wort „Macht“ – ganz so wie im Griechischen: *dynamis* (der Sprengstoff „Dynamit“ ist davon abgeleitet). In der frühchristlichen Literatur wird der Ausdruck *dynamis* oft im Zusammenhang mit der Totenauferweckung gebraucht. In Nazaret *vermochte* Jesus keine Wunder zu wirken; er hatte keine Macht dazu; er war machtlos – blockiert.

Ich erinnere mich an meine Schulzeit. Während der Fastenzeit erzählte uns der Lehrer morgens immer aus der Passionsgeschichte.

> *Unter dem Kreuz verhöhnten ihn die Hohenpriester und Schriftgelehrten und sagten zueinander: Andere hat er gerettet, sich selbst kann er nicht retten. Der Messias, der König von Israel! Er soll doch jetzt vom Kreuz herabsteigen, damit wir sehen und glauben* (Mk 15,29–32).

Ich mache keinen Hehl daraus, dass ich mir an dieser Stelle immer gewünscht habe: Jetzt sollte Jesus doch wirklich vom Kreuz heruntersteigen oder sonst wie ein Wunder tun, damit die Kerle endlich Vernunft annehmen und damit die ganze Welt zur Einsicht kommt. Eben: Damit sie *sehen und glauben.*

Konnte er nicht? *Wollte* er nicht?

Im Zeichen der Ohnmacht

Es gibt Dinge, die selbst Gott nicht zu tun vermag. Er kann niemanden zum Glauben zwingen; denn glauben, vertrauen, lieben – es sind ja nur verschiedene Aspekte derselben Wirklichkeit – setzen Freiheit voraus. Das weiß Gott am besten, von dem es heißt, er sei Liebe (1Joh 4,8). Nur Menschen meinen, sie können andere zur Liebe zwingen.

Jesus hat alles ganz entschieden von sich gewiesen, was der Freiheit der Liebe widersprochen hätte. Er wies den Petrus ab, der Jesus Vorhaltungen machte, als er von seinem Leiden sprach (8,31–33); wer liebt, darf vor dem Leiden nicht zurückschrecken. Er wies die Zebedäussöhne zurück, als sie sich Ehrenplätze zur Rechten und zur Linken Jesu ausbedungen hatten (Mk 10,35–40); wer liebt, soll nicht auf einen Ehrenplatz schielen. Er ließ die Pharisäer stehen, die von ihm ein Zeichen vom Himmel forderten (8,11–13); wer liebt, will nicht Eindruck machen. Liebe ist diskret – oder sie ist überhaupt nicht.

Der Erzählung vom machtlosen Auftreten Jesu in Nazaret folgt im Markusevangelium – gewiss nicht ohne Absicht – die Aussendung der Zwölf (Mk 6,7–13). Völlig wehr- und machtlos werden sie auf den Weg geschickt *ohne Brot, ohne Vorratstasche, ohne Geld* (6,8–9). Jesus teilt mit ihnen sein Charisma und seine Sendung: Wie er verkünden sie das Evangelium, wie er treiben sie Dämonen aus und heilen die Kranken (6,13). Und wie um noch einmal zu unterstreichen, dass diese Sendung ja nicht mit einem unverbindlichen Ausflug zu verwechseln ist, folgt gleich darauf die Erzählung vom grausamen Mord an Johannes dem Täufer (6,14–29). Ähnlich wie das erste Auftreten Jesu mit dem Todesschicksal des Täufers verbunden wurde – *nachdem Johannes überliefert worden war* (Mk 1,14–15) – so auch die erste Aussendung der Zwölf. Haben sie diese Prüfung bestanden? Wenn wir die folgenden Perikopen aufmerksam lesen, spricht vieles dagegen. Am Schluss der Auseinandersetzungen zwischen Jesus und seinen Jüngerinnen – sie lassen wieder die Auseinandersetzungen zwischen Markus und seinen Gemeinden durchscheinen – steht die resignierte Frage: *Versteht ihr denn immer noch nicht?* (8,21).

Die Einleitung zur ersten Brotvermehrungserzählung im Markusevangelium (Mk 6,30–34) ist breit angelegt und entsprechend bedeutsam. Wir werden gleich feststellen, dass bei diesen Versen Markus ganz wesentlich seine Hand im Spiel hatte.

> *[30]Die Apostel versammelten sich wieder bei Jesus und berichte-*
> *ten ihm alles, was sie getan und gelehrt hatten. [31]Da sagte er zu*
> *ihnen: Kommt mit an einen einsamen Ort, wo wir allein sind, und*
> *ruht ein wenig aus. Denn sie fanden nicht einmal Zeit zum Essen,*
> *so zahlreich waren die Leute, die kamen und gingen. [32]Sie fuhren*
> *also mit dem Boot in eine einsame Gegend, um allein zu sein.*
> *[33]Aber man sah sie abfahren, und viele erfuhren davon; sie liefen*
> *zu Fuß aus allen Städten dorthin und kamen noch vor ihnen an.*
> *[34]Als er ausstieg und die vielen Menschen sah, hatte er Mitleid*
> *mit ihnen; denn sie waren wie Schafe, die keinen Hirten haben.*
> *Und er lehrte sie vieles.*

Gut markinisch ist
- die Verschachtelung: Aussendung der Jünger (6,7–13) – Ermordung des Täufers (6,17–29) – Rückkehr der Jünger (6,30);
- das Sich-Absondern, damit Jesus mit den Jünger *allein sein* konnte (vgl. 9,2; 13,3);
- die *vielen Leute*, von denen sie umgeben sind, so dass sie *nicht einmal essen* konnten (vgl. 3,20);
- das Boot (vgl. 4,1);
- das Zusammenströmen der *Leute aus allen Städten* (vgl. 3,7–8);
- das *Lehren* (vgl. 1,21ff).

Bedeutsam ist auch die Erwähnung des Hirten und der Schafe. Nach dem letzten Mahl wird Jesus seinen Jüngerinnen sagen:

> *Ihr werdet alle (an mir) Anstoß nehmen und zu Fall kommen; denn in der Schrift steht: Ich werde den Hirten erschlagen, dann werden sich die Schafe zerstreuen. Aber nach meiner Auferstehung werde ich euch nach Galiläa vorausgehen* (Mk 14,26–28).

Kaufen und verkaufen

Es ist anzunehmen, dass Markus nicht nur die Einleitung zu einer ihm vorliegenden Brotvermehrungserzählung schuf, sondern auch in die Erzählung selbst eingriff, wie das bereits aus den ersten Versen der Erzählung (6,35–38) hervorgeht:

> [35]*Gegen Abend kamen seine Jünger zu ihm und sagten: Der Ort ist abgelegen, und es ist schon spät.* [36]*Schick sie weg, damit sie in die umliegenden Gehöfte und Dörfer gehen und sich etwas zu essen kaufen können.* [37]*Er erwiderte: Gebt ihr ihnen zu essen! Sie sagten zu ihm: Sollen wir weggehen, für zweihundert Denare Brot kaufen und es ihnen geben, damit sie zu essen haben?* [38]*Er sagte zu ihnen: Wie viele Brote habt ihr? Geht und seht nach! Sie sahen nach und berichteten: Fünf Brote, und außerdem zwei Fische.*

So beginnt eigentlich nicht eine Wundererzählung; vordringlicher ist für Markus – und das dürfte typisch sein für ihn – die Auseinandersetzung Jesu mit seinen Jüngern bzw. die Auseinandersetzung des Markus mit seinen Gemeinden. Der Vorschlag der Jünger ist erschreckend. *Viele Menschen* waren *zu Fuß gekommen*; Jesus hatte mit ihnen *Mitleid*, weil sie *wie Schafe ohne Hirte* waren; er *lehrte* sie viel und sicher auch lange; es ist inzwischen Abend geworden und die Leute waren hungrig und müde: und da kommen die Jünger mit dem Ansinnen zu Jesus, er möge die Leute *fortschicken, damit sie in die umliegenden Gehöfte und Dörfer gehen und sich etwas zu essen kaufen können*! Leute, die einem lästig fallen, fortschicken! Leute, die Hunger haben, sollen sich Brot kaufen gehen! Man darf sich fragen, wie diese Jünger vorher ihren Auftrag, das Kommen Gottes aufzudecken, die Dämonen auszutreiben und die Kran-

ken zu heilen, erfüllt haben. Von mindestens einem Dämon sind sie selbst immer noch besessen: vom Geld. Probleme kann man alle mit Geld lösen; sich selbst kann man so schön heraushalten.
Jesus sieht die Sache ganz anders:

Gebt ihr ihnen zu essen!

Ihr seid dran! Bringt euch selbst ins Spiel!
Der Standort der Jünger ändert sich nur minimal:

Sollen wir weggehen, für zweihundert Denare Brot kaufen und es ihnen geben, damit sie zu essen haben?

Von der Idee, dass man (nur) mit Kaufen das Problem lösen kann, sind sie nicht abzubringen. Mit Geld löst man nicht nur Probleme; man kann sich damit Notleidende so gut vom Hals schaffen.

Wie viele Brote habt ihr? Geht und seht nach!

Schaut doch zuerst einmal nach euren eigenen Ressourcen! Bringt euch selbst ein! Ihr könnt und habt mehr als ihr meint.
Und erst jetzt kann die Geschichte weitergehen:

39 Dann befahl er ihnen, den Leuten zu sagen, sie sollten sich in Gruppen ins grüne Gras setzen.
40 Und sie setzten sich in Gruppen zu hundert und zu fünfzig.
41 Darauf nahm er die fünf Brote und die zwei Fische, blickte zum Himmel auf, sprach den Lobpreis, brach die Brote und gab sie den Jüngerinnen und Jüngern, damit sie sie an die Leute austeilten. Auch die zwei Fische ließ er unter allen verteilen.
42 Und alle aßen und wurden satt.

[43]Als die Jünger die Reste der Brote und auch der Fische einsammelten, wurden zwölf Körbe voll. – [44]Dabei waren es fünftausend Leute, die von den Broten gegessen hatten.

Auch diese Erzählung ist nicht einfach nur eine Wundererzählung; es gibt da sehr viel Hintergründiges. Innerhalb des Erzählkranzes um den Propheten Elischa stoßen wir in 2Kön 4,42–44 auf eine Geschichte, die fast als Vorlage für unsere Brotvermehrungsgeschichte hätte dienen können.

[42]Einmal kam ein Mann von Baal-Schalischa und brachte dem Gottesmann (Elischa) Brot von Erstlingsfrüchten, zwanzig Gerstenbrote, und frische Körner in einem Beutel. Elischa befahl seinem Diener: Gib es den Leuten zu essen! [43]Doch dieser sagte: Wie soll ich das hundert Männern vorsetzen? Elischa aber sagte: Gib es den Leuten zu essen! Denn so spricht JHWH: Man wird essen und noch übriglassen. [44]Nun setzte er es ihnen vor; und sie aßen und ließen noch übrig, wie JHWH gesagt hatte.

Die Berührungspunkte sind frappant und brauchen nicht eigens aufgezählt zu werden. Vergessen wir dabei nicht, dass Elija, von dem ja auch ein Brotwunder erzählt wird (1 Kön 17,7–16), und Elischa zusammen mit Mose – denken wir an das Mannawunder! – gewissermaßen als die Prototypen des Messias Jesus gelten.

Das Mannawunder ist ein Thema, das durch alle Schichten des Ersten Testamentes in verschiedensten Variationen anklingt: Gott, der im Durchzug durch die Wüste für sein Volk sorgt (Ex 16; Num 11); Gott als der gute Hirte, der seine Schafe auf satter Weide lagern lässt (Ez 34), ja, den einzelnen den Tisch deckt (Ps 23); Gott als endzeitlicher Gastgeber (Ps 55); die

Weisheit als Gastgeberin (Spr 9,1–6; Sir 24,19–22). Auch im Neuen Testament sind diese Themenvariationen ständig präsent, man denke an die Verkündigung und Praxis Jesu, sein Essen und Trinken mit Zöllnern und andern Leuten mit schlechtem Ruf (Mk 2,13–17; Lk 7,31–35; Lk 15,1–2), seine Mahl-Gleichnisse (Lk 14,1–24; Mt 22,11–14 u. a.); man denke aber auch an die vielen Schilderungen von Mahlfeiern in der frühen Kirche (1Kor 11; Apg 2,42–47). Selbst die Erwähnung der Tischordnung in Mk 6,39–40 ist im Ersten Testament und im frühjüdischen Schrifttum vorgezeichnet. Das Sich-Lagern in Gruppen erinnert nicht nur an die Heeresordnung Israels in der Wüste (Ex 18,25; Num 31,14), sondern, wie das Texte aus Qumran nahe legen könnten, auch an die Tischordnung beim endzeitlichen Mahl, das der Messias bei seinem Kommen bereiten wird.

Mk 6,41 weist bestimmt auf das Letzte Mahl hin, wenn wir die beiden Schilderungen miteinander vergleichen:

Mk 6,41 (Brotvermehrung)	Mk 14,22 (Letztes Mahl)
Darauf	*Während des Mahls*
nahm er die fünf Brote und die zwei Fische,	*nahm er das Brot und*
blickte zum Himmel auf,	
sprach den Lobpreis,	*sprach den Lobpreis;*
brach die Brote	*dann brach er das Brot,*
und gab sie ihnen ...	*gab es ihnen ...*

Die christlichen Gemeinden, denen Markus sein Evangelium schrieb, konnten (fast) nicht anders als bei diesem Vers an ihre gemeinsamen Mahlfeiern denken; dementsprechend deuteten sie die Brotvermehrungsgeschichte im Horizont der Eucharistie. Von diesem Horizont her erhält die Erzählung noch einmal neue Akzente, weil so die Gemeinden noch deutlicher ins Auge gefasst sind. Dabei geht es nicht „nur" um das eucharistische Mahl, sondern um den messianischen Auftrag der Gemeinde bzw. Kirche überhaupt: um ihre Bindung an den einen, sich erbarmenden Hirten, um ihre soziale Verpflichtung gegenüber den Hungernden und Zu-kurz-Gekommenen, um das Selbstverständnis der Gemeinde als endzeitliche Mahlgemeinschaft, um ihre uneingeschränkte Sendung an die ganze Welt (von den Resten werden 12 Körbe aufgehoben!) ... – Sagen wir nie, Jesus habe Wunder gewirkt, er habe mit wenigen Broten mehrere tausend Leute gesättigt. Das wäre eine sehr verzerrende und darum auch unerlaubte Wiedergabe unserer Erzählung.

Keine Einsicht

Die Erzählung, die der Brotvermehrung folgt, der so genannte Seewandel (Mk 6,45–52), trägt die Züge einer Epiphaniegeschichte. Im Ersten Testament, aber auch in der außerbiblischen hellenistischen Literatur gibt es Erzählungen, in denen Gott selbst in Erscheinung tritt. Gerade in den alttestamentlichen Erzählungen ist ein Zug besonders interessant: das *Vorübergehen Gottes*. So lesen wir, dass JHWH an Mose *vorüberzog* (Ex 33,18–12; 34,6), dass er an Elija *vorüberzog* (1Kön 19,11). Offensichtlich ist dieses Vorüberziehen ein besonderes Motiv bei Gotteserscheinungen – und ein besonderes Kennzeichen Gottes. In der Erzählung vom Seewandel heißt es von Jesus, dass er an den Jüngern *vorübergehen* wollte (Mk 6,48). Kommt dazu, dass Jesus auf dem Meer schreitet, ähnlich wie es beispielsweise bei Ijob 9,8 (Septuaginta-Übersetzung) von JHWH heißt: *Er spannt den Himmel aus und schreitet über das Meer wie über festes Land.* In der Erzählung vom Seewandel erhält Jesus die Züge JHWHs, der *vorübergeht* und *über das Meer schreitet*. Immer wieder müssen wir staunen, wie stark die Erzählungen unserer Evangelien von alttestamentlichen Motiven geprägt sind.

Sowohl diese verschiedenen alttestamentlichen Motive wie auch die Verkoppelung der beiden Erzählungen (Brotvermehrung und Seewandel) lagen dem Evangelisten bereits vor. Eine aufmerksame Lektüre der Erzählung vom Seewandel lässt die markinischen Akzente in die Augen springen:

> [45]*Gleich darauf forderte er seine Jünger auf, ins Boot zu steigen und ans andere Ufer nach Betsaida vorauszufahren. Er selbst wollte inzwischen die Leute nach Hause schicken.* [46]*Nachdem er sich von ihnen verabschiedet hatte, ging er auf einen Berg, um zu beten.* [47]*Spät am Abend war das Boot mitten auf dem Meer, er aber war allein an Land.* [48]*Und er sah, wie sie sich beim Rudern abmühten, denn sie hatten Gegenwind. In der vierten Nachtwache ging er auf dem Meer zu ihnen hin, und wollte an ihnen vorübergehen.* [49]*Als sie ihn über den See gehen sahen, meinten sie, es sei ein Gespenst, und schrien auf.* [50]*Alle sahen ihn und erschraken. Doch er begann mit ihnen zu reden und sagte: Habt Vertrauen, ich bin es; fürchtet euch nicht!*
> [51]*Dann stieg er zu ihnen ins Boot, und der Wind legte sich. Sie aber waren bestürzt und außer sich.* [52]*Denn sie waren nicht zur Einsicht gekommen, als das mit den Broten geschah; ihr Herz war verstockt.*

Die Erzählung erinnert stark an diejenige von der Sturmstillung (Mk 4,35–41). Zu Beginn der beiden Erzählungen werden diejenigen, die ihm nachfolgten, von den Leuten getrennt; beide Begebenheiten finden auf dem Meer statt; in beiden Erzählungen geraten die Jünger in Furcht und schreien auf; in beiden Erzählungen greift Jesus rettend ein; in beiden Erzählungen verstehen die Jünger und Jüngerinnen nichts, ja mehr noch: Das Unverständnis wird nur noch grösser. Das heißt aber auch, dass Markus in beiden Erzählungen die Aufmerksamkeit der Leserinnen von den Ereignissen bzw. von den „Wundern" auf die verständnislosen Jünger lenken will. Nach der Meinung des Markus sind sie die Identifikationsfiguren für seine Gemeinden; um *ihre* Uneinsichtigkeit, um *ihre* Verstocktheit geht es – und vielleicht auch um die eigene.

Der letzte Satz, ganz bestimmt von Markus formuliert, ist von besonderer Tragik. Die Jüngerinnen *waren nicht zur Einsicht gekommen, als das mit den Broten geschah; ihr Herz war verstockt*. Diese Aussage liegt ganz auf der Linie des Markus: Leute, die nur das Äußere sehen (wollen) – dass Jesus mit wenigen Broten Tausende von Menschen sättigt; dass Jesus auf dem Wasser schreitet – werden nichts verstehen; ihnen werden Wunder nichts nützen.

Kein anderes Zeichen

Die Perikopen die nun folgen, bestehen aus diesen Einheiten:

- ein von Markus verfasster Sammelbericht (Mk 6,53–56)
- ein Streitgespräch mit den Pharisäern und einigen Schriftgelehrten aus Jerusalem über die Bedeutung des Gesetzes und dessen Verhältnis zu den Überlieferungen (7,1–13)

- eine Volks- und eine Jüngerbelehrung über rein und unrein, außen und innen (7,14–16.17–23)
- eine Heilungserzählung in heidnischem, d. h. unreinem Gebiet (7,24–30)

Obwohl wir es literarisch gesehen mit recht verschiedenen Einheiten zu tun haben, kreisen doch alle weiterhin um die Themen, die im Vorausgehenden angeschlagen wurden: Brot, außen–innen, rein–unrein, vor allem Glauben–Unglauben.

Die sich anschließende Erzählung von der Heilung eines Taubstummen (Mk 7,31–37) hat frappante Ähnlichkeiten mit der Erzählung von der Heilung eines Blinden in Betsaida (Mk 8,22–26), sodass auch schon die Vermutung geäußert wurde, es handle sich um zwei Varianten einer ursprünglich einzigen Erzählung. Zwischen diesen beiden Heilungserzählungen stehen drei Perikopen, die die Problematik im Zusammenhang der Brotvermehrung und des Seewandels ausdrücklich wieder aufnehmen und ihrem Höhepunkt zuführen. Wenden wir uns diesen Perikopen zu.

Die so genannte zweite Brotvermehrungsgeschichte (Mk 8,1–10) hat auffallend viele Ähnlichkeiten mit der ersten (6,30–44).

> 1*In jenen Tagen waren wieder einmal viele Menschen um Jesus versammelt. Da sie nichts zu essen hatten, rief er diejenigen, die ihm folgten, zu sich und sagte:* 2*Ich habe Mitleid mit diesen Menschen; sie sind schon drei Tage bei mir und haben nichts mehr zu essen.*
> 3*Wenn ich sie hungrig nach Hause schicke, werden sie unterwegs zusammenbrechen; denn einige von ihnen sind von weither gekommen.* 4*Seine Jünger antworteten ihm: Woher soll man in dieser unbewohnten Gegend Brot bekommen, um sie alle satt zu machen?*
> 5*Er fragte sie: Wie viele Brote habt ihr? Sie antworteten: Sieben.*

[6]Da forderte er die Leute auf, sich auf den Boden zu setzen. Dann nahm er die sieben Brote, sprach das Dankgebet, brach die Brote und gab sie seinen Jüngerinnen und Jüngern zum Verteilen; und diese teilten sie an die Leute aus. [7]Sie hatten auch noch ein paar Fische bei sich. Jesus segnete sie und ließ auch sie austeilen.
[8]Die Leute aßen und wurden satt.
Dann sammelte man die übriggebliebenen Brotstücke ein, sieben Körbe voll. [9]Es waren etwa viertausend Menschen beisammen. Danach schickte er sie nach Hause. [10]Gleich darauf stieg er mit denen, die ihm nachfolgten, ins Boot und fuhr in das Gebiet von Dalmanuta.

Seltsam ist es ja schon, dass Markus in so kurzem Abstand zwei Brotvermehrungserzählungen aufeinander folgen lässt, die erst noch ähnlich aufgebaut sind, ja zum Teil sogar wörtliche Übereinstimmungen aufweisen. Hier und da hat man gemeint, Markus sei es einfach darum gegangen, möglichst viele Jesusgeschichten zu sammeln; dass es dabei zu Doppelungen kam, habe er in Kauf genommen oder überhaupt nicht bemerkt. Zwar machen die Jünger diesmal nicht mehr die gleichen absurden Vorschläge wie beim ersten Mal (*wegschicken, kaufen* ...), die wichtigste Lehre aus der ersten Brotvermehrung haben sie aber doch nicht gezogen. Wieder muss Jesus selbst die Initiative ergreifen, wieder suchen sie am falschen Ort, wiederum bemerken sie nicht, dass ihre eigene Verantwortung herausgefordert ist.

Die nächste Perikope (Mk 8,11–13) passt sehr gut in diesen Zusammenhang.

[11]Da kamen die Pharisäer und begannen ein Streitgespräch mit ihm; sie forderten von ihm ein Zeichen vom Himmel, um ihn auf die Probe zu stellen.

[12]Da seufzte er tief auf und sagte: Was fordert diese Generation ein Zeichen? Amen, das sage ich euch: Dieser Generation wird niemals ein Zeichen gegeben werden.
[13]Und er verließ sie, stieg in das Boot und fuhr ans andere Ufer.

Jesus soll sich ausweisen; er soll ein Zeichen vom Himmel geben. Im Klartext bedeutet das: ein Wunder wirken. So viel wissen wir bereits aus der bisherigen Lektüre des Markusevangeliums: Leute, die nicht glauben, werden auch durch Wunder nicht überzeugt, wenigstens nicht so, dass es anhält. In Nazaret vermochte Jesus nicht ein einziges Wunder zu tun (Mk 6,5), weil die Leute nicht glaubten. Die erste Brotvermehrung (Mk 6,30–44) vermochte bei den Jüngern nichts auszurichten, selbst nicht durch die Epiphanie auf dem Meer; zur Einsicht kamen sie nicht, ihr Herz blieb versteinert (Mk 6,45–51). Die Reaktion Jesu gegenüber den Pharisäern ist konsequent: *Dieser Generation wird niemals ein Zeichen gegeben werden.* Das Verlangen nach einem Wunder ist das untrügliche Zeichen dafür, dass der Glaube fehlt. *Und er verließ sie.* Jesu Reaktion lässt an Strenge nichts zu wünschen übrig. Dazu passt ausgezeichnet die feierliche Einleitung *Amen, ich sage euch ...*

Möglicherweise hatte Markus eine Notiz vorgefunden, nach der Leute nach einem Zeichen verlangten. Die Strenge aber, mit der Jesus dieses Ansinnen ablehnt, dürfte für Markus typisch sein.

Wahrscheinlich ganz von Markus gebildet ist die Perikope, die sich gleich anschließt (Mk 8,14–21).

[14]Die Jünger hatten vergessen, bei der Abfahrt Brote mitzunehmen; nur ein einziges hatten sie dabei. [15]Und er warnte sie: Gebt Acht, hütet euch vor dem Sauerteig der Pharisäer und dem Sau-

erteig des Herodes! [16]Sie aber machten sich Gedanken, weil sie
kein Brot bei sich hatten.
[17]Als er das merkte, sagte er zu ihnen: Was macht ihr euch darü-
ber Gedanken, dass ihr kein Brot habt? Begreift und versteht ihr
immer noch nicht? Ist denn euer Herz verstockt? [18]Habt ihr denn
keine Augen, um zu sehen, und keine Ohren, um zu hören? Erin-
nert ihr euch nicht: [19]Als ich die fünf Brote für die Fünftausend
brach, wie viele Körbe voll Brotstücke habt ihr da aufgesammelt?
Sie antworteten ihm: Zwölf.
[20]Und als ich die sieben Brote für die Viertausend brach, wie vie-
le Körbe voll habt ihr da aufgesammelt? Sie antworteten: Sieben.
[21]Da sagte er zu ihnen: Versteht ihr immer noch nicht (14–21)?

Es gibt kaum eine Perikope, in der die Fremdheit zwischen Jesus und den Jüngerinnen so krass hervortritt. Das Einzige, was die Jünger und Jüngerinnen beschäftigt, ist, dass sie nur ein einziges Brot bei sich haben. Das und nur das kommt ihnen in den Sinn, wenn Jesus sie vor dem Sauerteig der Pharisäer und vor dem Sauerteig des Herodes warnt. Statt dass sie sich Gedanken machen über die Strenge, mit denen Jesus die Pharisäer anfuhr, dass das Verlangen nach Zeichen wie eine ansteckende Krankheit ist, die die Menschen und ihre Beziehungen zueinander tötet (mit dem „Sauerteig" ist das Ansteckende und Verheerende gemeint, das eine solche Haltung mit sich bringt), denken sie immer noch an das Brot, das sie trotz der beiden Erfahrungen, die sie gemacht haben, immer noch nur äußerlich sehen. Sie haben Augen und sehen doch nichts; sie haben Ohren und hören doch nichts. Und jetzt ist es Jesus, der die Jüngerinnen wie Kinder, die nie recht aufpassen, an die vergangenen Lektionen erinnern muss. Ihre Antworten wirken peinlich, besonders wenn man daraus hören muss, dass sie doch wieder am Äußerlichen kleben bleiben, an den Zahlen *zwölf* und *sieben*, die sie in ihrer Symbolkraft offenbar auch nicht zu durchschauen vermögen. Es scheint, als ob Jesus für sie nur noch ein resigniertes Seufzen übrig habe: *Versteht ihr immer noch nicht?!* Und wir verstehen jetzt, dass Markus beide Brotvermehrungserzählungen ganz bewusst in sein Evangelium aufnehmen wollte: Das Unverständnis der Jünger wird so nur noch deutlicher unterstrichen.

Gerade an dieser Stelle habe ich das Bedürfnis, auf ein Problem aufmerksam zu machen, das mich bei der Lektüre des Markusevangeliums immer wieder beschäftigt und auf das ich schon wiederholt wenigstens andeutungsweise aufmerksam gemacht habe. Ich denke nicht, dass der historische Jesus so durchgängig hart mit seinen Jüngerinnen und Jüngern umgegangen ist. Die Härte stammt vielmehr von Markus, der mit seinen Gemeinden – und wahrscheinlich auch mit sich selbst! – unzufrieden ist. Wenn wir die eben besprochenen Perikopen mit den parallelen Stellen bei Matthäus und Lukas vergleichen, die das Markusevangelium als Vorlage benutzten, stellen wir (beruhigend?) fest, dass diese doch ein ziemlich anderes, gnädigeres Bild der Jüngerinnen und Jünger und damit auch der Gemeinden zeichnen. Und doch sollten wir auch die Härte auszuhalten versuchen, mit der Markus und seine Gemeinden um den Glauben gerungen haben.

Resignation darf sich aber nicht breit machen, weder bei den Jüngern Jesu noch bei den Christinnen, für die Markus sein Evangelium schreibt. Für die Erzählung, die die vorausgehenden Perikopen (vorläufig) abschließt, bin ich besonders dankbar.

> [22]*Sie kamen nach Betsaida. Da brachte man einen Blinden zu Jesus und bat ihn, er möge ihn berühren.* [23]*Er nahm den Blinden bei der Hand, führte ihn vor das Dorf hinaus, bestrich seine Augen mit Speichel, legte ihm die Hände auf und fragte ihn: Siehst du etwas?*
> [24]*Der Mann blickte auf und sagte: Ich sehe Menschen; denn ich sehe etwas, das wie Bäume aussieht und umhergeht.*
> [25]*Da legte er ihm nochmals die Hände auf die Augen; nun sah der Mann deutlich. Er war geheilt und konnte alles ganz genau sehen.*
> [26]*Jesus schickte ihn nach Hause und sagte: Geh aber nicht in das Dorf hinein!* (Mk 8,22–26).

Dass auch diese Erzählung hintergründig zu lesen ist, versteht sich fast von selbst. Nach dem mühsamen Unterricht, den Jesus seinen Jüngerinnen angedeihen ließ, ist eine Heilung auf die Schnelle nicht zu erwarten. Auch sind nicht die äußerlichen Praktiken des Wundertäters entscheidend; sie lassen sich so oder so nicht kopieren. Auch hier kommt es nicht auf das „Wunder" an, das, wenn es „einfach so" weiter erzählt würde, ohnehin wieder missverstanden würde – darum wohl die Mahnung an den Geheilten, nicht ins Dorf hineinzugehen.

Was in dieser Erzählung besonders hervorgehoben wird, ist die Nähe: Jesus nimmt den Blinden bei der Hand, er führt ihn vors Dorf, er bestreicht seine Augen mit Speichel, er legt ihm die Hände auf, er sorgt sich um ihn und spricht ihn an, er lässt ihn zu Wort kommen, er hört ihm zu, er legt ihm nochmals die Hände auf die Augen ... Das alles zeugt von sehr viel Menschlichkeit, von Nähe, ja von Intimität. Das alles gehört aber auch dazu, wenn wir von *Glauben* reden – und der Glaube ist ja weiterhin das Thema, das diese Perikopen zusammenhält. Zum Glauben gehören Augen, die wirklich sehen, Hände, die wirklich berühren, Worte, die wirklich ansprechen, Speichel, der wirklich belebt, Ohren, die wirklich zuhören, Füße, die wirklich mitgehen. Es ist doch erstaunlich, im sonst so spröden Markusevangelium eine Erzählung zu lesen, die voller Nähe, voller Sinnlichkeit, voller Leiblichkeit und Charme ist. Solche Erzählungen gibt es auch sonst noch im Markusevangelium, man denke etwa an die vorausgehende Erzählung von der Heilung eines Taubstummen in 7,31–37. Ausgerechnet diese beiden sehr menschlichen und Nähe versprühenden Heilungsgeschichten sind es, die die äußerst gestrengen Belehrungen Jesu über den Glauben umrahmen.

Markus möchte, dass sich seine Leserinnen mit dem Tauben und Blinden identifizieren, dass sie das rein äußerliche Hören und Sehen hinter sich lassen, das nur in die Irre führt, und dass sie sich dem Messias Jesus mit Leib und Seele anvertrauen. Er wird aus Sehenden und Hörenden Glaubende machen.

Und er begann, sie zu lehren … (Mk 8,31)

Weg-Weisungen

Wie großräumig Markus sein Evangelium angelegt und gegliedert hat, zeigt der Abschnitt Mk 8,27–10,52. Er beginnt mit dem Bekenntnis des Petrus zum Messias Jesus und leitet am Schluss mit der Heilung des Blinden Bartimäus (8,46–52) zum Einzug in Jerusalem über (11,1ff). Während dieser ganzen Zeit ist Jesus mit den Seinen auf dem Weg *nach Jerusalem*.

Der Abschnitt ist mit Hilfe der drei Leidens- und Auferstehungsankündigungen gegliedert: 8,31–32; 9,30–32; 10,32–34. Zur besseren Übersicht sollen sie hier nebeneinander gestellt werden.

Mk 8,31–32	Mk 9,30–32	Mk 10,32–34
[27]*Und Jesus ging mit seinen Jüngerinnen und Jüngern in die Dörfer bei Cäsarea Philippi …*	[30]*Von dort hinausgehend gingen sie durch Galiläa umher, und er wollte nicht, dass jemand es erführe.*	[32]*Sie waren aber auf dem Weg, nach Jerusalem hinaufzusteigen, und Jesus ging ihnen voran, und sie erschraken, die Nachfolgenden aber fürchteten sich.*
[31]*Und er begann sie zu lehren:*	[30]*Er lehrte nämlich seine Jünger und sagte ihnen:*	*Und er nahm wiederum die Zwölf mit und begann ihnen zu sagen, was ihm widerfahren werde:*

		[33]Siehe, wir steigen nach Jerusalem hinauf, und
Der Menschensohn muss vieles leiden und verworfen werden	Der Menschensohn wird überliefert in die Hände der Menschen,	der Menschensohn wird überliefert werden
von den Ältesten		
und den Hohepriestern und den Schriftgelehrten,		den Hohepriestern und den Schriftgelehrten,
		und sie werden ihn zum Tod verurteilen, und sie werden ihn den Heiden überliefern, [34]und sie werden ihn verspotten und ihn anspucken und ihn geisseln und töten,
und getötet werden	und sie werden ihn töten, und, getötet,	
und nach drei Tagen auferstehen.	wird er nach drei Tagen auferstehen.	und nach drei Tagen wird er auferstehen.
[32]Und mit Freimut redete er das Wort. Da nahm ihn Petrus beiseite und machte ihm Vorwürfe …	[32]Die aber verstanden das Wort nicht, und sie fürchteten sich, ihn zu fragen …	[35]Und es traten Jakobus und Johannes zu ihm …

Einige Beobachtungen

Die Gemeinsamkeiten dieser drei Ankündigungen sind auffallend; teilweise gibt es sogar wörtliche Übereinstimmungen. Zu Beginn werden jeweils Jesus und die Seinen *unterwegs* gezeichnet – unterwegs *nach Jerusalem*. Eingeleitet werden die Ankündigungen mit dem bereits vertrauten *Lehren* (außer bei der dritten Ankündigung, bei der dafür das Verb *sagen* steht). Was die Ankündigungen selbst anbelangt, sind folgende wichtige Übereinstimmungen (jeweils bei mindestens zwei Ankündigungen) hervorzuheben: *der Menschensohn; die Ältesten, Hohenpriester und Schriftgelehrten; überliefern; töten; auferstehen am dritten Tag.*

Die drei in regelmäßigen Abständen aufeinander folgenden Ankündigungen mit ihren fast wörtlichen Übereinstimmungen erwecken den Eindruck, als ob etwas eingehämmert werden müsste. Offensichtlich handelt es sich um etwas, das nur sehr schwer zu verstehen und zu vermitteln ist. Dabei erinnern doch diese Ankündigungen an das ur-christliche Glaubensbekenntnis, ähnlich wie es schon Paulus in den 40er-Jahren überliefert bekommen und weitergegeben hat:

> *Dass Christus für unsere Sünden gestorben ist gemäß der Schrift,*
> *dass er begraben worden ist,*
> *dass er am dritten Tag auferweckt worden ist gemäß der Schrift ...*
> (1Kor 15,3–5).

Nur: Das Glaubensbekenntnis hersagen ist das eine, es „praktizieren" das andere. Um dieses andere geht es jetzt.

Im Glaubensbekenntnis steht zweimal *gemäß der Schrift*. Das will besagen: Das Leiden, Sterben und Auferstehen Jesu steht nicht außerhalb der Geschichte, die Gott mit seinem Volk geht. Im Markusevangelium steht dieses *gemäß der Schrift* so nicht, aber bereits die ersten Verse des Evangeliums betonen, dass das, was da geschieht, *wie geschrieben steht* geschieht und verkündet wird (vgl. Mk 1,2), und seither konnten wir immer wieder feststellen, wie sehr Markus daran gelegen ist, das Evangelium in die biblische Geschichte, d. h. in das so genannte Alte Testament hineinzuverweben. So ist es auch bei den Leidens-

und Auferstehungsankündigungen. Wenn es in der ersten Ankündigung heißt: *Der Menschensohn muss vieles leiden* ..., sind wir an die Psalmen des leidenden und erhöhten Gerechten verwiesen (vgl. besonders Ps 22; 31; 69). Wir werden weiter unten sehen, dass die Passionsgeschichte schon vor der Niederschrift des Markusevangeliums an Hand dieser Psalmen erzählt worden ist. Die Psalmen des leidenden und rehabilitierten Gerechten waren früh schon Hilfen, wenn es darum ging, dem Tod Jesu eine Deutung abzuringen. Die Erfahrung ist uralt, dass der Gerechte, d. h. der- oder diejenige, die sich nach dem Willen Gottes für das Leben und die Gerechtigkeit einsetzt, für viele ein Dorn im Auge ist und dementsprechend schikaniert, ja sogar verfolgt wird. Solche Erfahrungen der Ablehnung trugen die Beterinnen jeweils vor Gott. Um nur an ein einziges Beispiel zu erinnern:

Du kennst meine Schmach und meine Schande.
Dir stehen meine Widersacher alle vor Augen.
Die Schande bricht mir das Herz,
ganz krank bin ich vor Schmach;
umsonst habe ich auf Mitleid gewartet,
auf jemand, die mich tröstet, doch ich habe niemand gefunden.
Sie gaben mir Gift zu essen,
für den Durst reichen sie mir Essig ... (Ps 69,20–22).

Viele Leiden muss der Gerechte erfahren

In diesem wie auch in anderen ähnlichen Psalmen erleiden die, die zu Gott rufen, Schreckliches: Sie vertrauen auf Gott und halten an seinen Geboten fest, sie setzen sich ein für Gerechtigkeit, aber die Leute wollen das nicht, weil sie nicht an die Gebote erinnert und auch nicht die Wege Gottes gehen wollen. Für sie ist darum allein schon die Existenz des Gerechten ein dauernder Vorwurf. Sie wehren sich dadurch, dass sie ihn kalt stellen, dass sie sich über ihn lustig machen, dass sie behaupten, Gott selbst stehe gar nicht hinter ihm; sie verfolgen ihn und versuchen, ihn aus dem Weg zu räumen.

Das ist selbstverständlich nicht der Wille Gottes. Böse Menschen sind es, Unterdrücker, Vergewaltiger und Profiteure, die dem Gerechten an den Kragen gehen. Das war nicht nur damals so; das ist die Erfahrung seit jeher: Den Gerechten erträgt man nicht; den Gerechten muss man wegschaffen, damit man in Ruhe leben kann. Die Geschichte ist voll ermordeter Gerechter: Mahatma Gandhi, Martin Luther King, Oscar Romero ... Aus gleichen Gründen hat man sich auch immer schon gegen die Prophetinnen und Propheten gewehrt, die den Reichen Ungerechtigkeit, Gewalttätigkeit, Unterdrückung und Blutsaugerei vorwarfen.

Ps 34,20 bringt es auf den Punkt:

Viele Leiden muss der Gerechte erfahren ...

Noch einmal: Die Gerechte leidet nicht, weil Gott es so will, sondern weil Menschen, die böse sind, diejenigen nicht ertragen, die für Gerechtigkeit eintreten.

Das ist aber nur die eine Seite dieser Klagelieder. Wenn wir in den genannten Psalmen weiterlesen, stellen wir fest, dass es für die Beter ganz klar ist, dass Gott sich auf ihre Seite stellen, die unschuldig Verfolgten rehabilitieren und diejenigen, die treu zu ihm halten, durch seine Treue belohnen wird.

Um als Beispiel bei Ps 69 zu bleiben:

Schaut her, ihr Gebeugten, und freut euch;
ihr, die ihr Gott sucht: Euer Herz lebe auf!
Denn der Ewige hört auf die Armen,
er verachtet die Gefangenen nicht.
Himmel und Erde sollen ihn rühmen,
die Meere und was sich in ihnen regt.
Denn Gott wird Zion retten,
wird Judas Städte neu erbauen.
Seine Knechte und Mägde werden dort wohnen und das Land besitzen,
ihre Nachkommen sollen es erben;
wer seinen Namen liebt, soll darin wohnen (Ps 69,31–37).

Die Aussagen könnten deutlicher nicht sein: Der Ewige steht auf der Seite seiner Getreuen. Oder um noch einmal an Ps 34,20 zu erinnern und den oben angeführten Vers zu Ende zu lesen:

Viele Leiden muss der Gerechte erfahren,
aber aus allen rettet ihn der Ewige.

Wenn es also vom Menschensohn heißt, dass er vieles leiden müsse, dann nicht, weil Gott Freude am Leiden hat, sondern weil die Hohenpriester und die Schriftgelehrten entschlossen sind, Jesus umzubringen, wenn er den eingeschlagenen Weg der Gerechtigkeit weitergeht.

In der ersten Leidens- und Auferstehungsankündigung steht in diesem Zusammenhang noch ein weiterer Ausdruck: *Der Menschensohn muss vieles leiden und verworfen werden*. Dieser Ausdruck, der im Griechischen gern in politischen Zusammenhängen gebraucht wird, hat die Bedeutung von „zurückweisen“, „ablehnen“, „als wertlos oder ungeeignet verwerfen“. In einem ähnlichen Sinn steht ein anderes griechisches Verb, das das gleiche hebräische Verb übersetzt. Aus dem griechischen Ausdruck ist das Wort „nichts“ herauszuhören und bedeutet entsprechend „für nichts ansehen“, „gering schätzen“, „verachten“. Dieser Hinweis ist darum so wichtig, weil er an einen Psalmvers erinnert, der im Neuen Testament verschiedentlich zur Deutung des Todes Jesu herangezogen wird:

Der Stein, den die Bauleute verwarfen,
er ist zum Eckstein geworden.
Das hat JHWH vollbracht,
vor unseren Augen geschah dieses Wunder (Ps 118,22–23; vgl. Apg 4,11 und 1Petr 2,4.7).

Im Markusevangelium werden die beiden Verse zur Interpretation des Gleichnisses von den bösen Winzern herangezogen, die den zu ihnen gesandten Sohn des Weinbergbesitzers umgebracht haben (Mk 12,10–11), ein Gleichnis, das christliche Leserinnen nur auf dem Hintergrund des Todes und der Auferstehung Jesu zu deuten vermögen.

Am Schluss der ersten Leidens- und Auferstehungsankündigung hält der Erzähler fest:

Mit Freimut redete er das Wort (Mk 8,32).

Wir befinden uns nämlich mit dieser Perikope am Beginn des zweiten Teils des Markusevangeliums, in welchem nun die Karten offen auf den Tisch gelegt werden (müssen). Ein Bekenntnis zum *Messias Jesus*, wie Petrus es eben abgelegt hat (Mk 8,29), ist nicht nur ungenügend, sondern grundfalsch, wenn das Leiden, das Getötetwerden und die Auferweckung des Menschensohnes nicht in das Bekenntnis mit einbezogen werden. Und zu ergänzen wäre: Nicht nur in das Bekenntnis, sondern in den eigenen Lebensvollzug. Die Jünger Jesu und die Leserinnen des Evangeliums werden sich für den Rest des Evangeliums und für den Rest ihres Lebens mit diesem Gedanken anfreunden müssen.

Die dritte Ankündigung (Mk 10,32–34) ist die detaillierteste. Sie klingt fast wie ein Kurzabriss der Passionsgeschichte. Man beachte auch die zweimalige Erwähnung des *Weges nach Jerusalem.*

Richtigstellungen und Taubheit

Für die Gliederung des Abschnittes Mk 8,27–10,52 sind die drei Leidens- und Auferstehungsankündigungen von besonderer Wichtigkeit. Werfen wir jetzt noch einen Blick auf die nähere Umgebung dieser Ankündigungen.

Was den Ankündigungen jeweils vorausgeht, ist etwas, das die Jünger Jesu oder die Leserinnen des Markusevangeliums auf eine falsche Fährte führen könnte.

- Der ersten Ankündigung geht das Petrusbekenntnis *Du bist der Messias* voraus (Mk 8,29). Schweigegeboten nach christologischen Bekenntnissen sind wir im Markusevangelium be-

reits begegnet (vgl. 1,24–25; 3,11–12). Jetzt genügt es nicht mehr, den Jüngern einzuschärfen, dass sie mit niemandem über ihn sprechen sollen (8,30). Jetzt muss inhaltlich klar gesagt werden, was ein solches Bekenntnis bedeutet – sowohl für Jesus als auch für diejenigen, die sich zu ihm bekennen.
- Der zweiten Ankündigung geht die Erzählung von der Heilung eines besessenen Knaben voraus (Mk 9,14–29), wieder eine Wundererzählung, die Markus sehr intensiv überarbeitet hat. Nicht mehr das Wunder steht im Vordergrund, sondern Jesu Ausführungen zu Glaube und Gebet. Dass Markus gegenüber Wundern sehr zurückhaltend ist, konnten wir im Vorausgehenden wiederholt feststellen. Es erstaunt darum nicht, dass er hier auch noch nach einer überarbeiteten – um nicht zu sagen „korrigierten" – Wundererzählung eine Leidens- und Auferstehungsankündigung folgen lässt.
- Vor der dritten Leidens- und Auferstehungsankündigung (Mk 10,32–34) ist die Rede vom Weg nach Jerusalem, vom Staunen der Jünger und von der Angst der Nachfolgenden. Möglicherweise hat Markus nicht nur die Einleitung, sondern die ganze dritte Ankündigung selbst gestaltet. Er wollte damit ein besonderes Vorzeichen setzen: Verstehen kann diesen Jesus nur, wer ihm *nachfolgt* und seine Ankündigung *mit Furcht und Zittern* als Offenbarung Gottes entgegennimmt.

Nur: So weit sind die Jünger (noch) nicht. Noch auffallender sind nämlich die jeweiligen *Reaktionen* auf die Leidens- und Auferstehungsankündigungen.
- Nach der ersten Ankündigung *nimmt Petrus ihn auf die Seite und beginnt, ihm Vorwürfe zu machen* (Mk 8,32). Die Abfuhr,

die er von Jesus erhält, hat etwas Erschreckendes an sich: *Geh weg, hinter mich, Satan!* (8,33).

- Nach der zweiten Ankündigung vermerkt Markus: *Sie verstanden das Wort nicht, scheuten sich jedoch, ihn zu fragen* (Mk 9,32) – verständlich diese Scheu, hatten sie doch unterwegs darüber gestritten, wer unter ihnen der Erste sei!
- Nach der dritten Ankündigung dokumentieren Jakobus und Johannes ihr Unverständnis dadurch, dass sie ihren Wunsch zum Ausdruck bringen, *in der Herrlichkeit zur Rechten und zur Linken Jesu sitzen* zu dürfen. Auch sie erhalten eine Abfuhr (Mk 10,37–38).

Unverständnis gibt es also auf der ganzen Linie, und das trotz der einprägsamen Wiederholungen. Erinnern wir uns, dass auch die Wiederholung des Brotwunders und die Erscheinung auf dem Meer nichts gefruchtet haben.

Vertiefende Lehren

Jüngerinnen und Jüngern Unverständnis vorwerfen ist das eine, sie tiefer in das Geheimnis einführen das andere. Achten wir darum auf die Sorgfalt und Mühe, die Jesus für seine Lehre aufwendet. Es geht nämlich nicht nur um ein verstandesmäßiges Erkennen, sondern um ein ganzheitliches Erfassen des Gemeinten.

Die vertiefende Lehre nach der ersten Leidens- und Auferstehungsankündigung, die von Petrus entschieden zurückgewiesen wurde *(er fuhr Jesus an)*, lautet so:

[34]Er rief die Volksmenge und seine Jüngerinnen zu sich und sagte: Wer mein Jünger sein will, der verleugne sich selbst, nehme sein Kreuz auf sich und folge mir nach. [35]Denn wer sein Leben retten will, wird es verlieren; wer aber sein Leben um meinetwillen und um des Evangeliums willen verliert, wird es retten (Mk 8,34–35).

Sich selbst verleugnen ist eine recht schwierige und vor allem missverständliche Wendung. Betrachten wir den Ausdruck im Zusammenhang der Verkündigung des Reiches Gottes, bei der es Jesus vor allen Dingen darum geht, Menschen von ihren Dämonen zu befreien, sie zu sich selbst zu bringen, ihnen ihren Namen und ihre Geschichte zurückzugeben usw. (vgl. zum Beispiel oben S. 75–79), dann kann mit der Selbstverleugnung unmöglich gemeint sein, dass Menschen ihre Freiheit, ja sich selbst wieder aufgeben sollen. Das *Selbst*, das diejenigen, die Jesus nachfolgen, *verleugnen* sollen, ist jenes Selbst, das im Grunde sich selbst entfremdet, unfrei, eben *besessen* ist, sei es von den eigenen ehrgeizigen Plänen und Aspirationen, sei es vom eigenen Karrieredenken auf dem Rücken anderer, sei es vom Besitz, der auf Kosten der Armen angehäuft wird. Wer Jesus nachfolgen will, soll sich von diesem falschen Selbst, durch das er gefangen und besessen ist, verabschieden.

Die Wendung *sein Kreuz tragen* muss von jedem selbstquälerischen Beigeschmack befreit werden. Schon zur Zeit Jesu hatte diese Wendung eine politische Nuance in dem Sinn, dass diejenigen, die sich für das Reich Gottes einsetzen und so im Widerspruch zum totalitären Anspruch des Kaisers stehen, auch wie Jesus die Todesstrafe durch Kreuzigung zu gewärtigen hatten. Diese Gefahr ist auch zur Zeit der christlichen Gemeinden, an die Markus schreibt, nicht von der Hand zu weisen, wenn wir an die Schikanen und Nachstellungen denken, denen Christusgläubige ausgesetzt sind (vgl. Mk 10,30; 13,9.11–13). Zum besseren Verständnis sollten wir *Kreuztragen* und *Nachfolge* miteinander verbinden. *Jesus nachfolgen* bedeutet, das Anliegen Jesu teilen, sein Anliegen zum eigenen machen. Menschen, die so leben wie Jesus, *Gerechte* – wir haben es weiter oben gesehen – werden ihre Umgebung immer verunsichern und herausfordern, sei es religiös oder gesellschaftlich oder politisch, was dann eben entsprechende Folgen nach sich ziehen kann. Wer Jesus nachfolgt, muss seine eigenen Ambitionen hinter sich lassen, das heißt *sich selbst verleugnen*. Vielleicht hilft uns der Hinweis auf Mk 14, wo das Wort *verleugnen* dicht gedrängt in einem umgekehrten Sinn vorkommt: *Petrus*, der Anführer der Zwölf, verleugnet nicht sich selbst, sondern er *verleugnet Jesus* und meint so, seine eigene Haut zu retten. Das Gegenteil war der Fall. Das Kapitel schließt mit den Worten:

Und ganz außer sich begann er zu weinen.

In einem ähnlichen Sinn ist auch das Wort vom *Leben retten* und *Leben verlieren* zu verstehen. Wer es immer nur auf sein eigenes Leben abgesehen hat, auf sein eigenes Vorwärtskommen, auf seinen eigenen Vorteil, auf sein eigenes Ansehen – ganz nach dem Muster der damaligen (römischen) Gesellschaft – wird nicht nur über andere, die er ausbeutet, sondern auch über sich selbst den Tod bringen. Wer hingegen sein Leben an die anderen verliert – ganz nach dem Muster Jesu, der bedingungslos auf die Randständigen zuging – der wird nicht nur das Leben derer retten, für die er sich hingibt, er wird auch sein eigenes Leben retten: Er wird *Hundertfaches empfangen, jetzt in dieser Zeit, wenn auch unter Verfolgungen* (Mk 10,30) – er wird am eigenen Leib erfahren, was wirkliches, reiches Leben eigentlich bedeutet.

Die Lehre Jesu vom gekreuzigten und auferweckten Menschensohn beinhaltet gleichzeitig die Lehre von der Praxis eines erfüllten Lebens.

Nach der zweiten Leidens- und Auferstehungsankündigung ist die Reaktion der Jünger wieder blankes Unverständnis (Mk 9,32). Markus illustriert dieses Unverständnis durch eine Szene, die der christlichen Gemeinde entnommen sein könnte.

> [33]*Sie kamen nach Kafarnaum. Als er dann im Haus war, fragte er sie: Worüber habt ihr unterwegs gesprochen?* [34]*Sie schwiegen, denn sie hatten unterwegs miteinander darüber gesprochen, wer (von ihnen) der Größte sei.*
> [35]*Da setzte er sich, rief die Zwölf und sagte zu ihnen: Wer der Erste sein will, soll der Letzte von allen und der Diener aller sein.* [36]*Und er stellte ein Kind in ihre Mitte, nahm es in seine Arme und sagte zu ihnen:* [37]*Wer ein solches Kind um meinetwillen aufnimmt, der nimmt mich auf; wer aber mich aufnimmt, der nimmt nicht nur mich auf, sondern den, der mich gesandt hat* (Mk 9,33–37).

Der Streit und das Wetteifern um den ersten Rang – wo auch immer – ist so alt wie die Menschheit. Diesen Streit gab es von Anfang an auch in den christlichen Gemeinden. Und diesen Streit gibt es auch heute, nicht nur in der Politik, sondern auch in der Kirche. Ich vermute, dass in der Kirche heute *unterwegs* über nichts so eingehend *gesprochen* wird, wie über Fragen nach Vollmachten, Weihegraden, Kompetenzen und hierarchischen Eingliederungen. Offensichtlich nichts Neues unter der

Sonne. Dass dieser Streit unter den Jüngern und in den Gemeinden ausgerechnet nach einer – der zweiten! – Leidens- und Auferstehungsankündigung Jesu ausbricht, zeigt die große Kluft zwischen Jesus und den Seinen. Immerhin: Wenn sie auf die Frage Jesu schwiegen, dürfte das darauf hinweisen, dass sie doch wenigstens ein klein bisschen schlechtes Gewissen hatten.

Jesus *setzt sich* – die typische Haltung des Lehrens. Er ruft die Zwölf zu sich – es wären ja noch andere da gewesen, die mitgekommen waren, man denke zum Beispiel an die *vielen Frauen, die ihm, als er noch in Galiläa war, nachfolgten und begleiteten und mit ihm nach Jerusalem hinaufzogen* (vgl. Mk 15,40–41). Dann beachte man die Anschaulichkeit seines Lehrens.

Unsere Vorstellungen von *Kindern* sind von der Romantik geprägt: Sie sind herzig, unschuldig, lustig, offen usw. Zur Zeit Jesu und des Markus wurden sie im gleichen Atemzug mit den Frauen und Sklaven aufgezählt: Frauen, Kinder, Sklaven – eben die *Letzten* in der gesellschaftlichen Rangordnung. Wir wissen aus Berichten, aber auch aus der damaligen Gesetzgebung, dass Kinder ausgesetzt, geschlagen, abgetrieben wurden. Die Perikope illustriert auch sehr gut, dass sich Jesus nicht nur in einer Männerwelt bewegte; wo er sich aufhielt, gab es auch Frauen und Kinder; vielleicht waren sie sogar in der Mehrheit. Eines dieser Kinder stellt Jesus *in die Mitte* – ähnlich wie er den arbeitslosen Mann *in die Mitte* des Synagogengottesdienstes stellt (Mk 3,3). Nicht nur das: Jesus *umarmt* das Kind. Im Unterschied zu Mt 18,1–3, wo auf die Frage der Jünger nach dem *Größten im Himmelreich* die Lehre Jesu dahin geht, umzukehren und wie die Kinder zu werden, geht es in unserer Perikope darum, ein *solches Kind aufzunehmen*. In Mk 10,15 lesen wir:

Amen, das sage ich euch: Wer das Reich Gottes nicht aufnimmt wie ein Kind, der wird nicht hineinkommen.

Dieses Wort ist auch im Griechischen doppeldeutig: Soll man das Reich Gottes so aufnehmen, wie ein Kind es aufnimmt, oder soll man das Reich Gottes so aufnehmen, wie man ein Kind aufnimmt? Das Reich Gottes, das bei den Letzten zu suchen und zu finden ist? Die nichtsnutzen Kinder, die Letzten als „Ort" Gottes?

Eine andere Hierarchie

Die dritte Leidens- und Auferstehungsankündigung ist die ausführlichste. Nach der ersten Ankündigung war es Petrus, der prominenteste der Jünger, der nichts begriffen hatte und auch nichts begreifen wollte. Nach der zweiten waren es die Zwölf, die um die Rangordnung stritten. Nach der dritten Ankündigung sind es wieder zwei Vorzugsjünger, Jakobus und Johannes, die ihr Unverständnis auf eine äußerst krasse Weise illustrieren. Der Text Mk 10,35–45 lautet so:

35 *Da traten Jakobus und Johannes, die Söhne des Zebedäus, zu ihm und sagten: Meister, wir möchten, dass du uns eine Bitte erfüllst.*
36 *Er antwortete: Was soll ich für euch tun?*
37 *Sie sagten zu ihm: Lass in deiner Herrlichkeit einen von uns rechts und den andern links neben dir sitzen.*
38 *Jesus erwiderte: Ihr wisst nicht, um was ihr bittet. Könnt ihr den Kelch trinken, den ich trinke, oder die Taufe auf euch nehmen, mit der ich getauft werde?*

[39]Sie antworteten: Wir können es.
Da sagte Jesus zu ihnen: Ihr werdet den Kelch trinken, den ich
trinke, und die Taufe empfangen, mit der ich getauft werde.
[40]Doch den Platz zu meiner Rechten und zu meiner Linken habe
nicht ich zu vergeben; dort werden die sitzen, für die diese Plätze
bestimmt sind.

Mit dieser Passage haben wir uns bereits im Zusammenhang der Taufe Jesu auseinandergesetzt (vgl. oben S. 52/53). Die ganze Absurdität der Bitte wird den Söhnen des Zebedäus erst dann aufgehen, wenn sie bereit sind, in der Nachfolge Jesu den Kelch zu trinken, den Jesus trinkt, und mit der Taufe getauft zu werden, mit der auch Jesus getauft wird, das heißt wenn sie bereit sind, mit Jesus den Weg ans Kreuz zu gehen. „Außenstehende", d. h. Leute, die allein den Standpunkt des Betrachters einnehmen, des *Sehenden, der doch nicht sieht,* und des *Hörenden, der doch nicht hört,* werden die Leidens- und Auferstehungsankündigungen Jesu nicht verstehen.

Der Text geht noch weiter:

[41]Als die zehn anderen Jünger das hörten, wurden sie sehr ärger-
lich über Jakobus und Johannes.
[42]Da rief Jesus sie zu sich und sagte: Ihr wisst, dass die, die als
Herrscher gelten, ihre Völker unterdrücken und die Mächtigen
ihre Macht über die Menschen missbrauchen.
[43]Bei euch aber soll es nicht so sein, sondern wer bei euch groß
sein will, der soll euer Diener sein, [44]und wer bei euch der Erste
sein will, soll der Sklave aller sein. [45]Denn auch der Menschen-
sohn ist nicht gekommen, um sich dienen zu lassen, sondern um
zu dienen und sein Leben hinzugeben als Lösegeld für viele.

Gegenüber dem Gespräch mit den Zebedäussöhnen hat sich die Fragestellung verschoben: Nicht mehr Sonderauszeichnungen in einer zukünftigen, vielleicht sogar himmlischen Welt *(in deiner Herrlichkeit)* stehen zur Debatte, sondern die Ordnung in der Gemeinde. Jesu Belehrung ist klar aufgebaut.

- Nach der von Markus geschaffenen Überleitung V 41 und 42a steht zuerst ein Vergleich mit den Herrschern und Größen dieser Welt. Jesus schätzt die politische Situation der damaligen Zeit äußerst negativ, aber wohl auch realistisch ein: Herrscher, die die Menschen *unterdrücken*, und Mächtige, die ihre Macht *missbrauchen*. Dieser Art des Umgangs miteinander wird eine klare Absage erteilt: *Unter euch nicht so!*
- Auf diese Absage hin folgt ein parallel strukturierter Doppelspruch vom Größten und Ersten; er hört sich an wie der Entwurf einer Gegenwelt. Die Provokation, die dahinter steht, liegt auf der Hand. Jesus, der mit der Schaffung des Zwölferkreises an jene glorreiche Vergangenheit erinnert, in der Israel als *Königreich von Priestern* und als *heiliges Volk* galt und niemanden „über sich" hatte außer Gott allein, wird doch kein Interesse daran haben, Menschen, aus was für Gründen auch immer, zu Sklavinnen zu machen. Wichtig ist allein die radikale Infragestellung der damaligen Verhältnisse; für die christliche Gemeinde sind Strukturen *dieser Welt* völlig ungeeignet.
- Zur Verdeutlichung und Begründung dieser Aussage wird auf den *Menschensohn* verwiesen (V 45), der ein völlig anderes Lebenskonzept hat. Der Spruch ist wahrscheinlich aus einem ursprünglich anderen Zusammenhang durch Markus an diese Stelle gelangt. Nicht ausgeschlossen ist, dass Markus diesen Spruch in der Gemeinde vorgefunden hat. Wie immer die schwierige Aussage von der Lebenshingabe *als Löse-*

geld für viele zu verstehen ist, sicher ist, dass die freiwillige Lebenshingabe Jesu in eins mit dem *Dienen* gesehen werden muss und nicht allein auf den Kreuzestod bezogen werden sollte: Sein ganzes Leben war Dienst und Lebenshingabe für die Befreiung der Menschen.

Die Frage nach dem wirklichen Leben

Die Auseinandersetzungen sind hart. Dabei geht es nicht um Dogmen, Lehrsätze oder Ideologien, ja nicht einmal primär um den Christus, um seine Gottessohnschaft – wenigstens so lange nicht, als man nicht bereit ist, sich mit ihm auf den Weg zu machen, biblisch gesprochen: *ihm nachzufolgen*. In diesem Sinn sind auch die Ausführungen zu verstehen, die durch die Leidens- und Auferstehungsankündigungen unterbrochen bzw. strukturiert werden: Es geht um das Leben. Leben – nicht in einem abstrakten, abgehobenen Sinn; es geht auch nicht um das *ewige Leben* im Sinn von zukünftig oder jenseitig und ebenso wenig um das Leben nach dem Tod. Es geht um das Leben hier und jetzt, um das ganz konkrete Leben, um das Leben, das wirklich diesen Namen verdient, um ein Leben, das vor Gott und unseren Mitmenschen und vor uns selbst Bestand hat. So auf alle Fälle ist die Frage zu verstehen, die der reiche Mann Jesus stellt. Hier die Erzählung zwischen der zweiten und dritten Leidens- und Auferstehungsankündigung (Mk 10,17ff):

> 17 *Als sich Jesus wieder auf den Weg machte, lief ein Mann auf ihn zu, fiel vor ihm auf die Knie und fragte ihn: Guter Meister, was muss ich tun, um das ewige Leben zu gewinnen?*

18 Jesus antwortete: Warum nennst du mich gut? Niemand ist gut
außer Gott, dem Einen. 19 Du kennst doch die Gebote: Du sollst
nicht töten, du sollst nicht die Ehe brechen, du sollst nicht steh-
len, du sollst nicht falsch aussagen, du sollst keinen Raub bege-
hen; ehre deinen Vater und deine Mutter!
20 Er erwiderte ihm: Meister, alle diese Gebote habe ich von Jugend
an befolgt.
21 Da sah ihn Jesus an, umarmte ihn und sagte: Eines fehlt dir
noch: Geh, verkaufe, was du hast, gib das Geld den Armen, und
du wirst einen bleibenden Schatz im Himmel haben, und komm
und folge mir nach!
22 Der Mann aber war betrübt, als er das hörte, und ging traurig
weg; denn er besaß viele Güter.

Der etwas überschwängliche Auftritt des Mannes wird von Jesus arg gedämpft. Jesus möchte nicht als Guru angesehen werden, der für ein gelungenes Leben Sondertipps bereithält. Er verweist den Mann, der nach dem guten Leben fragt, an den einzig Guten, an Gott. Er ist der Schöpfer des guten Lebens, und die Tipps oder die Spielregeln für ein gutes, gelungenes Leben hat er mit dem Leben selbst gegeben: *Du kennst doch die Gebote*. Mag sein, dass der Mann all die Gebote von Jugend an befolgt hat. Aber wahrscheinlich hat er nicht bemerkt, dass die Gebote nicht zum *Halten* gegeben sind, sondern zum *Leben*. Vielleicht war er so sehr damit beschäftigt, Gebote zu *halten*, dass er darüber vergessen hat *zu leben*. Jesus macht ihm darum ein wirkliches Lebens-Angebot: Der Mann soll ihm *nachfolgen*. Auf dem Nachfolgen liegt der Akzent; es ist doch klar, dass man Jesus nicht mit sieben Truhen voll Kostbarkeiten, acht Schränken voll Kleidern, neunzig Schafen und zwei Ochsen nachfolgen kann. Sich von all dem zu befreien, am besten dadurch, dass man es den Armen gibt, weil man sich so – nach gut jüdischer Vorstellung – einen Schatz im Himmel anlegen kann, ist die (fast) selbstverständliche Voraussetzung dafür, dass man Jesus nachfolgen kann. Aber der Mann konnte oder wollte nicht.

22 Der Mann aber war betrübt, als er das hörte, und ging traurig weg; denn er besaß viele Güter.

Hier haben wir eine Berufungserzählung ohne Happyend. Es ist gut, dass es das auch gibt. Gut ist auch, dass Jesus ihn ziehen lässt. Dass er ihn nicht zurückruft und sagt: „Nun sei doch nicht so schnell beleidigt; die Suppe wird ohnehin nicht so heiß gegessen, wie sie gekocht wird. Die eine oder andere Truhe, den einen oder anderen Kleiderschrank, zwanzig, dreißig Schafe und einen Ochsen darfst du schon mitnehmen." Nein, Jesus lässt ihn ziehen. Der Mann hat nach dem Leben gefragt, und Jesus hat ihm ein faires Angebot gemacht: das Mit-ihm-Gehen, die Nachfolge. Es gibt, wie wir weiter oben gesehen haben, Leben und *Leben*. Man muss sich entscheiden.

Die Erzählung bis hierher könnte so etwas sein wie eine „Szene auf hoher Bühne", eine Art Musterbeispiel oder Exempel. Die Geschichte weist über sich hinaus. Jetzt sind die Jünger im Visier, das heißt die Leute der christlichen Gemeinde, an die Markus sein Evangelium schreibt. Es ist anzunehmen, dass es in dieser Gemeinde auch Wohlhabende gab:

23 Da sah Jesus seine Jünger an und sagte zu ihnen: Wie schwer ist es für Menschen, die viel besitzen, in das Reich Gottes zu kommen!

[24]Die Jünger waren über seine Worte bestürzt.
Jesus aber sagte noch einmal zu ihnen: Meine Kinder, wie schwer ist es, in das Reich Gottes zu kommen! [25]Eher geht ein Kamel durch ein Nadelöhr, als dass ein Reicher in das Reich Gottes gelangt (Mk 10,23–25).

Jesus bleibt hart in seiner Einstellung. Das ist verständlich, geht es doch um das Leben. Es hat auch keinen Sinn, das Nadelöhr so oder anders größer zu machen, sodass es doch dem einen oder anderen Kamel gelingen könnte, hindurchzukommen. Die Jünger auf alle Fälle sehen eine solche Möglichkeit nicht.

[26]Sie aber erschraken noch mehr und sagten zueinander: Wer kann dann noch gerettet werden?
[27]Jesus sah sie an und sagte: Für Menschen ist das unmöglich, aber nicht für Gott; denn für Gott ist alles möglich.

An das Leben glauben, wie Jesus es versteht, kann nur, wer mit Gott „rechnet". Vielleicht hat Petrus das Wort „rechnen" – das übrigens nicht Jesus, sondern ich ins Spiel bringe – allzu wörtlich verstanden. Die folgende Feststellung trägt er mit dem Hintergedanken vor: „Und was jetzt? Was soll denn unser Lohn sein? Was bekommen wir dafür?" Ich vermute, dass Petrus vom *Leben* nicht sonderlich viel verstanden hat.

[28]Da sagte Petrus zu ihm: Du weißt, wir haben alles verlassen und sind dir nachgefolgt.
[29]Jesus antwortete: Amen, ich sage euch: Wer um meinetwillen und um des Evangeliums willen Haus oder Brüder, Schwestern, Mutter, Vater, Kinder oder Äcker verlassen hat, [30]wird das Hundertfache dafür empfangen: Jetzt in dieser Zeit wird er Häuser,

Brüder, Schwestern, Mütter, Kinder und Äcker erhalten, wenn auch unter Verfolgungen, und in der kommenden Welt das ewige Leben.

Hundertfaches jetzt in dieser Zeit. Es ist wohl das mutigste weil ungeschützteste Wort, das wir in der Bibel finden, ganz einfach weil es überprüfbar ist, *jetzt in dieser Zeit.* Die Frage ist immer noch die nach dem *Leben* (Mk 10,17). Jesus gibt eine Antwort für *jetzt, in dieser Zeit.* Hier ist das Leben zu suchen, hier ist der „Ort", hier beginnt auch das, was man damals (und heute) die *kommende Welt* und das *ewige Leben* nennt.

Es muss schon zu denken geben, dass bereits zum zweiten Mal die *Väter* fehlen. Als von der „neuen Familie" die Rede war (Mk 3,33–35), waren sie so umschrieben:

35 *Wer den Willen Gottes tut, der ist für mich Bruder und Schwester und Mutter.*

Jetzt erhalten diejenigen, die alles verlassen haben und Jesus nachgefolgt sind, alles *hundertfach* zurück, *Häuser, Brüder, Schwestern, Mütter, Kinder und Äcker,* nur von den *Vätern* ist wieder nicht die Rede. Wie kommt es nur, dass sich in manchen christlichen Kirchen das Patriarchat bis heute durchsetzen konnte und dass der höchste Ehrentitel, der einem Gemeindemitglied zukommt, der des „heiligen Vaters" ist?

Den letzten Satz,

31 *Viele aber, die jetzt die Ersten sind, werden dann die Letzten sein, und die Letzten werden die Ersten sein* (Mk 10,31),

treffen wir in den Evangelien verschiedentlich an (vgl. Mt 20,16; Lk 13,30). Wahrscheinlich hat ihn Markus hier hinzugefügt, nicht zuletzt wieder mit Blick auf seine Gemeinden. Vielleicht hat es dort Leute gegeben, die meinten, sie hätten es bereits geschafft, und darum seien sie in der Gemeinde die Ersten und entsprechend zu berücksichtigen. Diese Einstellung haben wir weiter oben auch schon angetroffen (vgl. in diesem Kapitel S. 165–167 und im Kapitel über die neue Familie S. 97–112).

… ich möchte sehen können

Überblicken wir noch einmal den ganzen Abschnitt von Mk 8,27 bis 10,52. Die Auseinandersetzungen zwischen Jesus und den Seinen sind in der Tat äußerst hart. Dass die Jünger kopfscheu werden und fragen: *Wer kann dann noch gerettet werden?*, ist verständlich. Der Hinweis Jesu auf Gott, für den *alles möglich* ist, ist darum sehr bedeutsam. Christen haben nicht die Vollkommenen zu spielen, und noch weniger sollen sie versucht sein, das Reich Gottes zu *ihrem* Reich zu machen. Besonders tröstlich – für mich wenigstens – ist in diesem Abschnitt auch die Umrahmung durch je eine Blindenheilung. Mit der ersten (Mk 8,22–26), die zugleich der Abschluss der vorausgehenden Ausführungen ist, haben wir uns bereits auseinandergesetzt (vgl. S. 151–152). Die Blindenheilung, die jetzt folgt (10,46–52) und ganz gewiss von Markus hier platziert wurde, lädt durch Bartimäus die Gemeinde und damit auch uns ein, den Messias Jesus zu bestürmen (*schreien*) – und niemand soll uns davon abhalten – dass er uns doch (endlich) die Augen öffne.

> 46 *Sie kamen nach Jericho. Als er mit seinen Jüngern und einer großen Menschenmenge Jericho wieder verließ, saß an der Straße ein blinder Bettler, Bartimäus, der Sohn des Timäus.* 47 *Sobald*

er hörte, dass es Jesus von Nazaret war, rief er laut: Sohn Davids,
Jesus, hab Erbarmen mit mir! [48]*Viele wurden ärgerlich und be-*
fahlen ihm zu schweigen. Er aber schrie noch viel lauter: Sohn
Davids, hab Erbarmen mit mir!
[49]*Jesus blieb stehen und sagte: Ruft ihn her! Sie riefen den Blin-*
den und sagten zu ihm: Hab nur Mut, steh auf, er ruft dich.
[50]*Da warf er seinen Mantel weg, sprang auf und lief auf Jesus zu.*
[51]*Und Jesus fragte ihn: Was soll ich dir tun? Der Blinde antwor-*
tete: Rabbuni, ich möchte wieder sehen können. [52]*Da sagte Jesus*
zu ihm: Geh! Dein Glaube hat dich gerettet. Im gleichen Augen-
blick konnte er wieder sehen, und er folgte Jesus auf seinem Weg.

Das weiterführende Stichwort finden wir im letzten Vers: *Und er folgte Jesus auf seinem Weg.*

Im anschließenden Abschnitt (Mk 11,1ff) erreicht Jesus mit den Seinen, die ihm nachfolgen, Jerusalem. Hier wird er *vieles erleiden und verworfen und getötet werden. Nach drei Tagen wird er auferstehen.*

Kein Stein wird auf dem andern bleiben (Mk 13,2)

Christlicher Realismus

Jerusalem und der Tempel

Die Erzählung vom Einzug Jesu in Jerusalem (Mk 11,1–11) ist sehr merkwürdig. Sie schildert zuerst das souveräne, gebieterische Auftreten Jesu, der den Jüngern den Auftrag gibt, den Einzug vorzubereiten. Der konkrete Auftrag steht allerdings in großer Spannung zu diesem Vorhaben. Die Jünger sollen ein fremdes Eselsfüllen bereit machen. Ohne dass das Erste Testament ausdrücklich bemüht wird, erinnert man sich doch an Sach 9,9:

> *Juble laut, Tochter Zion! Jauchze, Tochter Jerusalem! Siehe, dein König kommt zu dir. Er ist gerecht und hilft; er ist demütig und reitet auf einem Esel, auf einem Fohlen, dem Jungen einer Eselin.*

Aus dem letzten Vers der Einzugs-Erzählung geht hervor, dass das Ziel der Tempel ist. Das erinnert an den Beginn des Markusevangeliums, wo vom Kommen des *Herrn* mit dem Hinweis auf ein Zitat aus dem Buch des Propheten Maleachi (3,1) die Rede ist:

> *Siehe, ich sende meinen Boten,*
> *er soll den Weg für mich herrichten.*

Der *Bote* wird im Markusevangelium auf Johannes den Täufer gedeutet (vgl. oben S. 43–50). Der Text bei Maleachi fährt fort:

Und plötzlich kommt zu seinem Tempel der Herr,
nach dem ihr verlangt,
und der Bote des Bundes,
den ihr herbeiwünscht.
Siehe, er kommt, spricht JHWH der Heere.

Das dürfte nun beim Einzug Jesu im Markusevangelium eintreffen. Nur: *Wie* der *Herr* in Jerusalem einzieht und *wie* er zum Tempel kommt, ist doch sehr erstaunlich. Nicht hoch zu Ross, sondern inmitten der Pilgerschar auf einem Eselsfohlen reitend. So ganz anders, als man es bei einem feierlichen Einzug erwarten würde. Die Art des Einzugs entspricht so gut den vorausgehenden Jüngerbelehrungen und könnte geradezu eine Veranschaulichung dessen sein, wie das ist mit dem Ersten und dem Letzten und mit der völlig durcheinander gebrachten Hierarchie (vgl. Mk 9,33–37; 10,42–45). Groß wird das Echo dieses Jubels in der Stadt nicht gewesen sein, denn von einem Eingreifen der Behörden, sei es der jüdischen, sei es der römischen, liest man nichts.

Die folgenden Auseinandersetzungen sind zum Teil sehr heftig; der Konflikt spitzt sich zu: Jesus verflucht den Feigenbaum, der keine Früchte bringt (Mk 11,12–14); er kündet in einer Symbolhandlung das Ende des Tempels an (11,15–19); er spricht von der Macht des Glaubens, des Gebetes und der gegenseitigen Vergebung (11,20–25); er lässt die Hohenpriester, Schriftgelehrten und Ältesten, die nach seiner Vollmacht fragen, stehen (11,27–32); er erzählt ihnen ein Gleichnis, das von mordenden Winzern handelt, ein Gleichnis, das die Zuhörer auf sich beziehen müssen und so in Rage geraten (12,1–12); an Stelle des Kaisers stellt er *Gott* als die letzte, nicht mehr hinterfragbare Instanz hin (12,13–17); die Fragen nach der Auferstehung und nach dem ersten Gebot beantwortet er mit dem Hinweis auf den *Gott der Lebenden* (12,18–27.28–34); er fordert die Schriftgelehrten mit der Frage nach dem *Sohn Davids* heraus (12,35–37); den allzu selbstbewussten Schriftgelehrten, die nach den ersten Plätzen schielen und die Häuser der Witwen verzehren, stellt er die arme Witwe gegenüber, die sich als adliger und vornehmer erweist als die Reichen (12,38–40.41–44). Durch all das treibt er die Umkehrungen religiöser und politischer Vorstellungen auf die Spitze. Dabei ist wichtig zu wissen, dass diese Auseinandersetzungen – die letzten in der Öffentlichkeit – im Tempel und dessen unmittelbarem Umkreis stattfinden.

... wer es liest, merke auf! ...

Kapitel 13 schließt sich hier an. Bereits die ersten vier Verse führen uns zu einer neuen Fragestellung, in eine neue Stimmung und in einen neuen Sprachstil.

> [1] *Als Jesus den Tempel verließ, sagte einer von seinen Jüngern zu ihm: Meister, sieh, was für Steine und was für Bauten!* [2] *Jesus sagte zu ihm: Siehst du diese großen Bauten? Kein Stein wird auf dem andern bleiben, alles wird niedergerissen.* [3] *Und als er auf dem Ölberg saß, dem Tempel gegenüber, fragten ihn Petrus, Jakobus, Johannes und Andreas, die mit ihm allein waren:* [4] *Sag uns, wann wird das geschehen, und an welchem Zeichen wird man erkennen, dass das Ende von all dem bevorsteht?*

Den Untergang des Tempels hatte Jesus in einer eindrucksvollen Symbolhandlung bereits angekündigt, woraufhin die Hohenpriester und Schriftgelehrten *darauf sannen, wie sie ihn, Jesus, vernichten könnten* (Mk 11,15–19). Jetzt wird der Tempel zum Ausgangspunkt einer großen Rede, und zwar wieder im Sinn einer Jüngerbelehrung: *Kein Stein wird auf dem andern bleiben, alles wird niedergerissen.* Die nächste Frage der Jünger führt in eine Art Endzeitstimmung: *Sag uns, wann wird das geschehen, und an welchem Zeichen wird man erkennen, dass das Ende von all dem bevorsteht?* Die Antwort Jesu zeugt ebenfalls von dieser Stimmung:

> [5]*Jesus sagte zu ihnen: Gebt Acht, dass euch niemand irreführt!* [6]*Viele werden in meinem Namen auftreten und sagen: Ich bin es! Und sie werden viele irreführen.* [7]*Wenn ihr dann von Kriegen hört und Nachrichten über Kriege euch beunruhigen, lasst euch nicht erschrecken! Das muss geschehen. Es ist aber noch nicht das Ende.* [8]*Denn ein Volk wird sich gegen das andere erheben und ein Reich gegen das andere. Und an vielen Orten wird es Erdbeben und Hungersnöte geben. Doch das ist erst der Anfang der Wehen.* [9]*Ihr aber, macht euch darauf gefasst: Man wird euch um meinetwillen vor die Gerichte bringen, in den Synagogen misshandeln und vor Statthalter und Könige stellen, damit ihr vor ihnen Zeugnis ablegt.* [10]*Vor dem Ende aber muss allen Völkern das Evangelium verkündet werden.* [11]*Und wenn man euch abführt und vor Gericht stellt, dann macht euch nicht im Voraus Sorgen, was ihr sagen sollt; sondern was euch in jener Stunde eingegeben wird, das sagt! Denn nicht ihr werdet dann reden, sondern der heilige Geist.* [12]*Brüder werden einander dem Tod ausliefern und Väter ihre Kinder, und die Kinder werden sich gegen ihre Eltern*

auflehnen und sie in den Tod schicken. [13]*Und ihr werdet um meines Namens willen von allen gehasst werden; wer aber bis zum Ende standhaft bleibt, der wird gerettet.*
[14]*Wenn ihr aber den Gräuel der Verwüstung dort stehen seht, wo er nicht stehen darf – wer es liest, merke auf! –, dann sollen die Bewohner von Judäa in die Berge fliehen …* (Mk 13,5–14).

Die Verse treffen weniger die Situation der Jünger als die unheilvolle Lage, in die Christusgläubige in den 70er-Jahren geraten sind. Aus der profanen Geschichtsschreibung wissen wir, dass der Tempel im Jahre 70 nach einer vierjährigen Belagerung der Stadt Jerusalem von den römischen Truppen zerstört wurde. Aus internen Kriterien des Markusevangeliums und besonders des 13. Kapitels nimmt man an – und wir haben das im Vorausgehenden immer wieder vorausgesetzt – dass Markus sein Evangelium um das Jahr 70 geschrieben hat. Was Jesus in seiner Rede für das *Ende* voraussagt, ist also genau das, was die Christusgläubigen, denen Markus schreibt, *in ihrer Gegenwart* erfahren. Sie erleben das *Ende der Zeit*. Wenn wir den oben zitierten Text einmal von diesem Standpunkt aus lesen, wird uns manches viel verständlicher. In einer zugegebenermaßen eigentümlichen Sprache beschreiben die Verse Erfahrungen, die christliche Gemeinden in dieser Zeit machten. Erinnern wir uns nur an das, was wir weiter oben im Zusammenhang des Römischen Reiches, seiner Macht und seiner Faszination gesehen haben (vgl. S. 87). Kriege und Unterdrückungen liegen in der Luft. Messiasse treten auf, die es besser wissen wollen und Leute, auch gutgläubige, um sich scharen. Der Kaiser in Rom wird als *Sohn Gottes* und als *Retter* verehrt. Menschen, die sich der Verehrung des Kaisers und des Reiches widersetzen, haben mit dem Schlimmsten zu rechnen. In Zeiten des Krieges regiert das Kriegsrecht, wie immer es in der damaligen Zeit auch ausgesehen haben mag. Selbst bei Kriegen im 21. Jahrhundert (Afghanistan, Irak, Syrien, Sudan usw.) wird das internationale Kriegsrecht sehr weit ausgelegt. Gefangene werden verschleppt, Frauen und Kinder misshandelt. Familien geraten durcheinander. Nachbarn, die bislang friedlich miteinander lebten, fallen übereinander her. Um sich zu retten, können Eltern ihre Kinder oder Kinder ihre Eltern oder ihre Geschwister an die Behörden ausliefern. Vor Denunziationen ist niemand sicher. Hass und Zwietracht beherrschen das Zusammenleben. Diejenigen Gemeindemitglieder, die dem allgemeinen Trend widerstehen und sich dem römischen Machtanspruch verweigern, werden verfolgt und zur Rede gestellt; andere verschwinden im Untergrund. Ganze Völkerschaften sind auf der Flucht. Die Gemeinden schrumpfen zusammen. Die Versuchung aufzugeben, mit der Mehrheit zu marschieren und nach der Geige der Stärkeren zu tanzen, ist sehr groß. Das würde dann aber auch bedeuten: Nicht das Reich Gottes, sondern das Imperium Romanum hat obsiegt; nicht der Messias Jesus, sondern der Kaiser wird zur Leben und Welt bestimmenden Instanz erklärt. Christusgläubige stehen vor der Entscheidung zwischen dem Gott des Lebens und den Götzen der Verwüstung und des Todes.

Dass in Mk 13 christliche Gemeinden angesprochen sind, verrät Vers 14, genauer der Einschub *wer es liest, merke auf!* Dieser Einschub kommt von jemandem, der schreibt und Leserinnen und Leser vor sich hat. Mit diesen Lesern sind gewiss nicht die vier auserwählten Jünger auf dem Ölberg gemeint, sondern ganz ausdrücklich *Leserinnen* und *Leser*, d. h. christliche Gemeinden. Und wenn sie vom *Gräuel der Verwüstung* lesen, können sie fast nicht anders als aufmerken; denn in der schlimmsten Zeit des jüdischen Volkes – wir werden gleich darauf zu sprechen kommen – ist im Tempel in Jerusalem ein Götzenopferaltar aufgerichtet worden (vgl. 1Makk 1,54) – das ist wohl mit dem *Gräuel der Verwüstung* gemeint –, ein Geschehen, das von frommen Kreisen nicht nur als Ende des JHWH-Tempels und des Gottesdienstes, sondern als Ende des Gottesvolkes überhaupt gedeutet wurde. So findet man auch hier wieder einen Rückgriff auf die Geschichte Gottes mit seinem Volk, hier konkret auf jene Geschichte, in der Gott seine Treue dadurch unter Beweis stellte, dass er sein Volk aus äußerster Not befreite. Die Erinnerung an das Eingreifen Gottes in auswegloser Zeit soll den christlichen Gemeinden um das Jahr 70 Mut und Zuversicht geben, dass sie auch die jetzige Katastrophe überleben werden.

Sicher ist es nicht, dass alles, was da an Schrecklichem aufgezählt wird, auch tatsächlich geschehen ist. Die Leserinnen des Markusevangeliums wussten aber diese Art des Redens, die Stimmung des Textes und die dahinter stehende Wirklichkeit gut zu deuten. Damit das auch uns gelingt, müssen wir etwas weiter ausholen.

Die Apokalyptik als Phänomen der Geschichte

Das 13. Kapitel des Markusevangeliums ist auch schon „Die Markus-Apokalypse“ genannt worden. Diese Bezeichnung veranlasst uns, mit einem Phänomen Bekanntschaft zu machen, das man in der Fachsprache *Apokalyptik* nennt. Dieses Phänomen zu definieren, ist nicht leicht. Es handelt sich ja nicht nur um eine besondere Sprache, um besondere Bilder und Zahlen. Sprache und Bilder und Zahlen sind eigentlich „nur“ der Ausdruck eines besonderen Weltgefühls, eines besonderen Glaubensverständnisses und damit verbunden auch einer besonderen Wahrnehmung und Deutung der Welt; denn je nachdem, was und wie wir glauben, nehmen wir die Welt anders wahr und deuten sie auch anders.

Aufgekommen ist das Phänomen der Apokalyptik im Zusammenhang eines sehr tragischen Konfliktes – man kann das Datum fast genau angeben – in den Jahren 175–164 v. Chr. Damals stand Palästina unter der Herrschaft der Seleukiden. Das war eine Herrscherdynastie im Gefolge Alexanders des Großen. Ihr Exponent in diesen Jahren war König Antiochus IV. Epiphanes. Das Erbe, das er angetreten hatte, war recht schwierig, befand sich doch auf dem Territorium, über das er zu gebieten hatte, u. a. auch Judäa, das Volk der Juden. Bei diesem Volk – das wissen wir – gingen die Uhren anders als im übrigen Reich und bei den anderen Völkern: Sie hatten eine andere Sprache, eine andere Geschichte, eine andere Mentalität, andere Gesetze, eine andere Religion, eine andere Zeitrechnung – eben andere Uhren. Dem König wollte das nicht so recht passen. Könige – und besonders Könige von Großreichen – möchten gerne den Überblick behalten: Alle sollten die gleiche Sprache sprechen, sollten den gleichen Kalender, die gleiche Religion haben, die gleichen Götter verehren – am besten den König selbst –, die gleiche Kultur pflegen, die gleiche Musik hören – eben die gleichen Uhren haben. Antiochus IV. Epiphanes hatte darum die Absicht, das Volk der Juden, diesen „Fremdkörper" innerhalb des Konzertes der damaligen Völkerschaften, zu „assimilieren", wie man sagt. Das Gesetz des Mose setzte er außer Kraft, den Tempel gab er dem Götzendienst preis, Jerusalem sollte eine hellenistische Polis werden, eine Stadt nach griechischem Muster. Im ganzen Land wurden zu Ehren der Reichsgötter Altäre errichtet. Die Juden wurden gezwungen, diesen Göttern zu opfern. Wichtigstes Opfertier – so die Anordnung des Königs – war das Schwein, das sogar auf dem Brandopferaltar im Jerusalemer Tempel dargebracht wurde. Diejenigen, die sich trotz der Anordnungen des Königs an die Gebote und Verbote der Tora, des mosaischen Gesetzes, hielten, sich beschneiden ließen und den Sabbat heiligten, wurden mit dem Tod bestraft.

Das Bestürzendste an all dem war, dass selbst jüdische Kreise an dieser grundlegenden Umorientierung beteiligt und an einer Assimilierung interessiert waren.

Die Alternative

Die frommen Juden sahen in diesen Vorgängen den Anfang vom Ende. Es blieb ihnen keine andere Alternative als diese: entweder den fremden Götzen opfern und alles mitmachen, was der König verlangte, oder untergehen. Namhafte Kreise in

Jerusalem waren bereit, den erstgenannten Weg einzuschlagen, das heißt, den Göttern zu opfern; sie sahen darin die einzige Möglichkeit, mit dem Leben davon zu kommen und wo möglich an die Macht zu gelangen. Die Verfasser der Makkabäerbücher deuteten das so:

> *Zu dieser Zeit traten Verräter am Gesetz in Israel auf, die viele (zum Abfall) überredeten. Sie sagten: „Wir wollen einen Bund mit den fremden Völkern schließen, die rings um uns herum leben; denn seit wir uns von ihnen abgesondert haben, geht es uns schlecht.“ Dieser Vorschlag gefiel ihnen, und einige aus dem Volk fanden sich bereit, zum König* (Antiochus IV. Epiphanes) *zu gehen. Der König gab ihnen die Erlaubnis, nach den Gesetzen der fremden Völker zu leben …* (1Makk 1,11–15).

Nicht wenige aus dem jüdischen Volk sahen sich um ihre Identität geprellt. Sie sahen sich ihres Gesetzes beraubt, ihrer Bräuche, ihrer Tischgemeinschaften, ihres Tempels, ihrer Psalmen, ja ihrer Geschichte. Antiochus IV. Epiphanes berief als Hohepriester Männer von griechischer Denkart und mit griechischem Namen (Jason, Menelaos). Selbst dem Gott Abrahams, Isaaks und Jakobs wurde die Identität genommen; er ist einer von vielen geworden; er erhielt auf dem Zion in Jerusalem den Namen „Zeus Olympios“ und wurde ins allgemeine Pantheon aufgenommen, also dorthin, wo alle anderen Götter auch schon sind, die es zu verehren gilt. Im ersten Makkabäerbuch steht zu lesen:

> *Der König ließ auf dem Brandopferaltar* (in Jerusalem) *den unheilvollen Gräuel aufstellen* (das war offensichtlich die Statue oder das Götterbild des Zeus Olympios)*; auch in den Städten*

> *Judäas ringsum baute man Altäre. Vor den Haustüren und auf den Plätzen opferte man Weihrauch. Alle Buchrollen des Gesetzes* (d. h. der Tora, des Gesetzes des Mose), *die man fand, wurden zerrissen und verbrannt. Wer im Besitze einer Bundesrolle angetroffen wurde oder zum Gesetz hielt, wurde aufgrund der königlichen Anordnung zum Tod verurteilt … Frauen, die ihre Kinder hatten beschneiden lassen, wurden auf Befehl* (des Königs) *hingerichtet; dabei hängte man die Säuglinge an den Hals ihrer Mütter. Auch ihre Familien brachte man um …* (1Makk 1,54–61).

Für viele bedeutete das das Ende des Auserwählten Volkes, das Ende der Geschichte Gottes mit seinem Volk. So etwas hatte es in Israel in der Tat noch nie gegeben. Und so ist es eben auch nicht erstaunlich, dass solche Widerfahrnisse ein neues Nachdenken über Gott und das eigene Leben und die eigene Geschichte hervorbringen mussten. Manche Jüdinnen und Juden versuchten zu fliehen oder sich zu verstecken, gingen in den Untergrund, und viele wurden umgebracht. Viele aber verleugneten den Glauben und passten sich den neuen Strömungen an. Übrig blieb ein verschwindend kleiner Rest in einer geradezu aussichtslosen Lage. Wie sollten sie, wie könnten sie überleben?

Gottes Eingreifen

Die Antwort war die: nur durch ein Wunder; oder anders gesagt: durch das direkte Eingreifen Gottes selbst. Die Geschichte vermag von sich aus das Böse nicht mehr abzuwenden. Auch die getreuen Frommen vermögen es nicht. Im Gegenteil: Je mehr sie sich am einen wahren Gott festmachen, desto mehr müssen sie Verfolgung und Tod riskieren. Das bedeutet aber auch: Es wird bald niemand mehr da sein, der die Verheißungen Gottes, die an die Väter und Mütter ergangen sind, weiterträgt. Das Volk wird aufgerieben und untergehen, die Verheißungen versanden, die Geschichte geht zu Ende.

Und Gott?

Für die Getreuen – als solche verstanden sie sich – durfte es doch keinen Zweifel daran geben, dass Gott seine Versprechen einlöst. Gott kann und darf sich doch sein Ruder nicht einfach so aus der Hand nehmen lassen. Er muss doch zu seinen Verheißungen stehen. Er muss doch sich selber treu bleiben. Wenn er auf Erden niemanden mehr findet, an dem er sich heilig erweisen kann; wenn hier auf Erden nichts mehr ist, kein Volk, kein Land, kein Tempel, keine Gesänge, die Gott eine Handhabe bieten, damit er sich weiterhin in der Geschichte und durch die Geschichte Geltung verschaffen kann, dann muss er halt selbst kommen. Und er wird auch kommen. Er wird dem bösen Treiben ein Ende setzen und seine Getreuen aus der Hand des Bösen erretten und … und jetzt klingt zum ersten Mal in der Geschichte des Volkes Gottes die großartige Vorstellung von der Auferstehung der Toten an. Denn diese Frage harrt sehnlichst auf eine Antwort: Ist das Leben, ist das Leiden, ist das Schreien und Beten und Sterben der Martyrer, dieser Mütter mit den Kindern, die da umgebracht werden, ist das alles einfach umsonst? Das kann doch nicht sein! Gott muss jetzt kommen und ihnen Gerechtigkeit widerfahren lassen und sie auferwecken und in sein strahlendes Licht hüllen und sie in priesterliche und königliche Gewänder kleiden. Er muss der ganzen Welt zeigen, dass *sie* im Recht sind, ja dass *sie* die Könige und Fürsten und Priester sind. Und alle anderen, Antiochus IV. Epiphanes und sein Anhang und alle seinesgleichen, die sich als Götter aufspielen und die Völker nach eigenem Gutdünken unterjochen, und auch diejenigen vom eigenen Volk, die sich von diesem Trend vereinnahmen lassen: Sie sollen alle beschämt dastehen müssen. Sie haben auf die falsche Karte gesetzt. Sie sollen und werden untergehen. – Einem unterdrückten Volk darf man solche Vorstellungen und Hoffnungen nicht verbieten.

Wie eine solche Hoffnung in Sprache umgesetzt werden kann, zeigt ein kleiner Passus aus dem Buch Daniel, das um diese Zeit geschrieben wurde.

> *In jener Zeit tritt Michael auf, der große Engelsfürst, der für die Angehörigen deines Volkes eintritt. Dann kommt eine Zeit der Not, wie noch keine da war, seit es Völker gibt, bis zu jener Zeit. Doch dein Volk wird in jener Zeit gerettet, jeder, der im Buch verzeichnet ist. Von denen, die im Land des Staubes schlafen, werden viele erwachen, die einen zum ewigen Leben, die anderen zur Schmach, zu ewigem Abscheu. Die Verständigen werden strahlen, wie der Himmel strahlt; und die Leute, die viele zum rechten Tun geführt haben, werden immer und ewig wie die Sterne leuchten* (Dan 12,1–3).

Die andere Wirklichkeit

Wenn in der konkret erfahrbaren Geschichte die Spuren Gottes nicht mehr wahrnehmbar sind, so sagten sich die Frommen, heißt das noch lange nicht, dass Gott aufgegeben hat.

Durch die Welt und durch die Geschichte hindurch sahen sie eine andere Wirklichkeit, die mit geschichtlichen und menschlichen Kategorien nicht mehr verrechnet werden kann, eine Wirklichkeit außerhalb der üblicherweise menschlich erfahrbaren Dimensionen von Zeit und Raum. Diese andere Welt, diese Welt Gottes aufzudecken, das ist die Aufgabe der Apokalyptiker. Das griechische Verb „apokalyptein" heißt *enthüllen, aus der Verborgenheit heraus ans Licht bringen*. Die Wirklichkeit, die da ans Licht gebracht werden soll, ist eine Wirklichkeit, die nicht den gleichen Aufbau und die gleiche Logik hat wie die Wirklichkeit, wie wir sie erfahren. Darum ist es auch wenig sinnvoll, aus den Texten, die da entstehen, all das zu entfernen, was unserem Empfinden oder unserer Logik widerspricht. Die Apokalyptik hat ihre eigene Logik, und die müssen wir ihr unbedingt lassen. Wenn wir sie nicht immer verstehen, wie wir es gerne möchten, sollten wir sie doch als Möglichkeit anerkennen – in einer Zeit, in der man meint, Gott sei abhandengekommen –, von Gott und von der Zukunft zu sprechen.

Das Buch Daniel, aus dem wir den oben angeführten Ausschnitt gelesen haben, dürfte das erste Buch der Bibel sein, das als Apokalypse bezeichnet werden kann. Es entstand nicht umsonst im Zusammenhang der Regentschaft des Antiochus IV. Epiphanes. In dieser Zeit waren vielleicht zum ersten Mal in der Geschichte des jüdischen Volkes alle Voraussetzungen gegeben, um ganz anders das Mitsein Gottes (vgl. Ex 3,14) zu erleben und von diesem Mitsein zu sprechen. (Mit diesem Mit-Sein Gottes erinnere ich an das Wort des Ewigen an Mose, als dieser nach seinem Namen fragte: *Ich bin der Ich bin da; ich bin der, der mit euch geht*). Man könnte auch sagen, dass sich hier das Volk als Ganzes in einer Grenzerfahrung des Glaubens befand, in einer Erfahrung, in welcher es um Sein oder Nicht-Sein ging, um Leben oder Tod. Darum auch das strenge und hier und da etwas verzerrende Entweder-Oder, der Dualismus, die Schwarzweißmalerei, weil eben alles auf dem Spiel stand, zugleich aber auch das Kosmische: Nicht nur das Individuum war betroffen, nicht nur das Volk, sondern die ganze Schöpfung, ja die ganze Welt.

Das Buch Daniel ist vielleicht das erste, es ist aber sicher nicht das einzige apokalyptische Buch. Gerade in der Zeit zwischen 150 vor und 100 nach Christus ist eine Fülle apokalyptischer Literatur entstanden. Freilich sind lange nicht alle diese Bücher in das Verzeichnis der Heiligen Schriften aufgenommen worden. Als eines der letzten apokalyptischen Bücher darf die Offenbarung des Johannes angesehen werden. Aber nicht nur das. Apokalyptische Züge finden wir auch innerhalb anderer biblischer Bücher, hauptsächlich dort, wo vom *Ende der Welt*, vom *Gericht*, von der *Auferstehung der Toten* und von der *neuen Schöpfung* die Rede ist – alles hilflose Ausdrücke, die die verborgene Wirklichkeit ins Wort bringen möchten. Wer sich mit dieser Literatur auseinander setzt, muss sich geduldig in diese Welt der Wahrnehmung, des Denkens, des Glaubens und Hoffens, in diese Welt der Bilder hineinnehmen lassen. Eine fremde Welt, gewiss, und eine einfache Übertragung in unsere Sprach- und Vorstellungswelt scheint fast unmöglich. Und doch: Es sind Glaubenszeugnisse unserer Glaubensväter und Glaubensmütter.

Apokalyptische Glaubenszeugnisse finden wir nicht nur im 13. Kapitel des Markusevangeliums; aufmerksame Leserinnen werden bemerkt haben, dass die eben genannten Stichworte aus der Apokalyptik – Ende der Welt, neue Schöpfung, Auferstehung usw. – auch sonst in den Evangelien und überhaupt in der neutestamentlichen Literatur anzutreffen sind, nicht zuletzt im Gesamt des Markusevangeliums. Überhaupt waren die frühchristliche Theologie und Literatur – und wohl auch Jesus selbst – viel stärker von apokalyptischem Gedankengut und von der apokalyptischen „Stimmung" geprägt als wir meinen oder wahrhaben wollen.

Vier schreckliche Tiere

Aus dem Buch Daniel sei hier noch ein weiterer Passus zitiert, der zum Verständnis der neutestamentlichen Schriften von großer Bedeutung ist.

> *Im ersten Jahr Belschazzars, des Königs von Babel, hatte Daniel einen Traum; auf seinem Lager hatte er eine Vision. Er schrieb den Traum auf, und sein Bericht hat folgenden Inhalt:*
> *Ich hatte während der Nacht eine Vision: Die vier Winde des Himmels wühlten das große Meer auf. Dann stiegen aus dem Meer vier große Tiere herauf; jedes hatte eine andere Gestalt.*
> *Das erste war einem Löwen ähnlich, hatte jedoch Adlerflügel. Während ich es betrachtete, wurden ihm die Flügel ausgerissen; es wurde vom Boden emporgehoben und wie ein Mensch auf zwei Füße gestellt, und es wurde ihm ein menschliches Herz gegeben.*
> *Dann erschien ein zweites Tier; es glich einem Bären und war nach einer Seite hin aufgerichtet. Es hielt drei Rippen zwischen den Zähnen in seinem Maul, und man ermunterte es: Auf, friss noch viel mehr Fleisch!*

Danach sah ich ein anderes Tier; es glich einem Panther, hatte aber auf dem Rücken vier Flügel, wie die Flügel eines Vogels; auch hatte das Tier vier Köpfe; ihm wurde die Macht eines Herrschers verliehen.
Danach sah ich in meinen nächtlichen Visionen ein viertes Tier; es war furchtbar und schrecklich anzusehen und sehr stark; es hatte große Zähne aus Eisen. Es fraß und zermalmte alles, und was übrig blieb, zertrat es mit den Füssen. Von den anderen Tieren war es völlig verschieden. Auch hatte es zehn Hörner. Als ich die Hörner betrachtete, da wuchs zwischen ihnen ein anderes, kleineres Horn empor, und vor ihm wurden drei von den früheren Hörnern ausgerissen; und an diesem Horn waren Augen wie Menschenaugen und ein Maul, das anmaßend redete (Dan 7,1–8).

Es geht jetzt nicht darum, den Text bis in alle Einzelheiten hinein zu analysieren. Es ist auch nicht nötig, jedes Bild, das hier auftaucht, zu verstehen.

Der Text dürfte im Zusammenhang des Terrorregimes des Antiochus IV. Epiphanes entstanden sein. Von ihm ist nicht direkt die Rede, auch nicht von der konkreten politischen Situation. Diese ist nur von denen herauszulesen, die sich in der Geschichte und in den heiligen Büchern des Volkes auskennen; das sind an erster Stelle diejenigen, für die der Verfasser das Buch schreibt. So versetzt der Verfasser sich und seine Leserinnen und Leser zurück in eine andere, aber ihm und seinen Getreuen sehr vertraute Zeit, nämlich in die Zeit Belschazzars, des Königs von Babel. Auch wenn diese Zeit schon 400 Jahre zurückliegt, erinnern sich doch alle an das schreckliche Ereignis der babylonischen Gefangenschaft, das den Glauben Israels schon einmal in eine tiefe Krise gestürzt hat. Es ist die Art der Apokalyptiker, sich in frühere Zeiten zurückzuversetzen, um von da aus das Kommende, das die Leute *jetzt* erleben, zu deuten.

Der Text erzählt dann weiter von vier schrecklichen Tieren, die aus dem aufgewühlten Meer – ein Symbol des Bösen – aufsteigen, eines schrecklicher als das andere. Sie repräsentieren der Reihe nach das babylonische, das medische, das persische Reich und das Reich des Alexander. Die zehn Hörner sind die Könige der seleukidischen Dynastie. Wenn vom anderen, kleinen Horn die Rede ist, dürfte damit Antiochus IV. Epiphanes gemeint sein. Der Beiname, den sich dieser König zulegte, ist sehr bedeutsam: Epiphanes, d. h. der König verstand sich als Erscheinung Gottes. Diese Anmaßung wird vom Verfasser deutlich festgehalten, wenn er vom *anmaßenden Reden* spricht.

Der Verfasser hat die Geschichte sehr gut im Auge: All diese Reiche, all diese „Großen Tiere" hat das jüdische Volk bereits erlebt und überlebt und einigermaßen überstanden. Antiochus IV. Epiphanes wird als das letzte Glied dieser Kette der Großen Tiere dargestellt – und ist erst noch nur ein „kleines Horn".

Der Text geht weiter:

Ich sah immer noch hin; da wurden Throne aufgestellt, und ein Hochbetagter nahm Platz. Sein Gewand war weiß wie Schnee, sein Haar wie reine Wolle. Feuerflammen waren sein Thron, und dessen Räder waren loderndes Feuer. Ein Strom von Feuer ging von ihm aus. Tausendmal Tausende dienten ihm, zehntausendmal Zehntausende standen vor ihm. Das Gericht nahm Platz, und es wurden Bücher aufgeschlagen.

Ich sah immer noch hin, bis das Tier – wegen der anmaßenden Worte, die das Horn redete – getötet wurde. Sein Körper wurde dem Feuer übergeben und vernichtet. Auch den anderen Tieren wurde die Herrschaft genommen. Doch ließ man ihnen das Leben bis zu einer bestimmten Frist (Dan 7,9–12).

Im weiteren Verlauf der Vision werden also *Throne* aufgestellt, und der *Hochbetagte* nimmt Platz. Eine eigentümliche Bezeichnung für Gott; aber wenn man bedenkt, dass Reiche und ihre Könige sich so benehmen, als ob sie für alle Zeiten Bestand haben, ist es wichtig, ihnen gegenüber auf einen Gott hinzuweisen, der diese Reiche alle überdauert hat und auch noch weiter überdauern wird. Es wird *Gericht* gehalten; dazu stehen die Throne da. *Feuerflammen* brechen aus – die bekannten Requisiten bei Gotteserscheinungen, wie sie im Ersten Testament geschildert werden. Der Hofrat wird von Unzähligen gebildet: *Tausendmal Tausende dienten ihm, zehntausendmal Zehntausende*. Antiochus IV. Epiphanes soll sich doch nichts einbilden; gegenüber diesem Gott ist er doch nur ein kleines Nichts. Wo Gericht gehalten wird, werden auch *Bücher* aufgeschlagen, in denen alles aufgezeichnet ist; sie sind – so könnte man sagen – das Gedächtnis Gottes. In diesen Büchern steht alles drin, was die Machthaber und Gewaltigen gegenüber den Kleinen sich haben zuschulden kommen lassen. Aber auch jede ermordete Mutter mit ihrem Säugling ist dort verzeichnet. Jedes Wehklagen der Bedrängten und Schikanierten.

Der Menschensohn

In völligem Kontrast zu den vier schrecklichen Tieren aus dem Meer steht der *Menschensohn:*

> *Immer noch hatte ich die nächtlichen Visionen: Da kam mit den Wolken des Himmels einer wie ein Menschensohn. Er gelangte bis zu dem Hochbetagten und wurde vor ihn geführt. Ihm wurden Herrschaft, Würde und Königtum gegeben. Alle Völker, Nationen und Sprachen müssen ihm dienen. Seine Herrschaft ist eine ewige, unvergängliche Herrschaft. Sein Reich geht niemals unter. Darüber war ich, Daniel, im Geist bekümmert, und was mir vor Augen stand, erschreckte mich. Ich wandte mich an einen der Umstehenden und bat ihn, mir das alles genau zu erklären. Er deutete mir die Vorgänge und sagte: Diese großen Tiere, vier an der Zahl, bedeuten vier Könige, die sich auf der Erde erheben werden. Das Königtum aber werden die Heiligen des Höchsten erhalten, und sie werden es behalten für immer und ewig* (Dan 7,13–18).

Wenn die vier Tiere die vier Großreiche mit ihren Herrschern repräsentieren, kann man vom Menschensohn annehmen, dass er ebenfalls ein Reich, eine Herrschaft, ein Königtum repräsentiert. Mit dem Menschensohn (man beachte bitte: *wie* ein Menschensohn), kommt eine menschliche, lichte Gestalt auf den Wolken des Himmels und gelangt zum Hochbetagten. *Ihm,* dem Menschensohn, *wurden Herrschaft, Würde und Königtum gegeben. Alle Völker, Nationen und Sprachen müssen ihm dienen. Seine Herrschaft ist eine ewige, unvergängliche Herrschaft. Sein Reich geht niemals unter.* Deutlich ist hier wieder der Dualismus zu sehen: die vier „Großen Tiere“ aus dem aufgewühlten Meer auf der einen, die lichte Gestalt des Menschensohns, der vom Himmel her kommt, auf der anderen Seite. Das Gewaltregime geht dem Ende entgegen; ihm ist nur noch eine *bestimmte Frist* eingeräumt, während der Menschensohn – er steht, wie es dem Seher gedeutet wird, für die *Heiligen des Höchsten* – ein Königtum antreten wird, das niemals untergeht. Was es in dieser kurzen Zeit noch braucht, sind Ausdauer, Durchhalten und Geduld.

Das alles ist nun eben „gut apokalyptisch". Den anmaßenden Königen und denen, die sich von ihnen faszinieren ließen, wird der Garaus gemacht, und diejenigen, die von den „Großen Tieren" gequält wurden, gelangen zur Herrschaft, die sie für immer und ewig behalten werden. Die Welt wird auf den Kopf gestellt; oder besser noch so: Die Welt wird – von Gott – wieder so gekehrt, wie sie eigentlich sein soll. Derjenige, der das bewirkt, ist der Hochbetagte. Ihm werden noch so brutale irdische Gewalttäter die Macht nicht streitig machen können, und seine Getreuen stehen unter seinem Schutz, ja nehmen selber teil an seiner unvergänglichen Herrschaft.

So geht es in apokalyptischen Texten zu. Der Seher, der Apokalyptiker, durchlebt mit seinen Gefährten eine sehr leidvolle Zeit. Das Maß des Leidens, des physischen wie auch des existenziellen Leidens – existenziell, weil ja ihrer Überzeugung nach Gott selbst auf dem Spiel steht – hat ein derart großes Ausmaß erreicht, dass an einen Fortbestand der Welt nicht mehr zu denken ist. Hinter dieser leidvollen Welt „sieht" der Apokalyptiker aber eine andere Welt: Es ist die Welt Gottes und seiner Getreuen – die wahre Welt. Der Apokalyptiker deckt diese Welt auf. Es ist eine neue, aber doch irgendwie vertraute Welt; sicher aber eine Welt, die mit den Strukturen und Schemen unserer Welt nicht zu verrechnen ist, eine Welt, von der man nur in Bildern und Gleichnissen reden kann. Hier und da kann es gelingen, diese andere Welt ins Leben hineinzunehmen: Wenn sie in Liedern und Hymnen und Gottesdiensten ihren Ausdruck findet und wenn die Getreuen, sich an dieser neuen Welt festhaltend, dem Lauf der bösen und leidvollen Zeit die Stirn zu bieten versuchen. Es wird nicht mehr lange dauern, und diese neue Welt wird vollends anbrechen. Diejenigen, die jetzt am Ruder sind, werden beschämt dastehen. Die Frommen, die Getreuen: Sie werden ... ja, da reichen die Bilder nun eben nicht mehr aus: Sie werden nicht mehr sterben, weil sie den Engeln gleich und Söhne und Töchter Gottes und der Auferstehung geworden sind (vgl. Lk 20,36).

Zurück zu Markus

Nach diesem langen „Umweg" wenden wir uns jetzt wieder der Lektüre von Mk 13 zu. Gewisse Parallelen zu den damaligen Ereignissen zur Zeit der Makkabäer und des Antiochus IV. Epiphanes liegen auf der Hand: die Faszination eines Großreiches, die Unterdrückung derer, die aus der Reihe tanzen und sich dem Großreich verweigern, die Profanierung des Tempels, die Vergöttlichung der Herrschenden und ihrer Reiche und Ideologien, der Personenkult und der entsprechende Götzendienst, die Sehnsucht nach dem Eingreifen Gottes, der Aufruf zur Standhaftigkeit, die Aussicht auf die endgültige Rettung, die Hoffnung gegen alle Hoffnung.

Für den Zusammenhang von Mk 13 geht es nicht an erster Stelle darum, zu rekonstruieren, was *Jesus* den vier auserwählten *Jüngern* gesagt hat; viel wichtiger ist das, was *Markus seinen*

Gemeinden damit sagen will; *sie* sind es, an die sich diese Aussagen richten, und es ist davon auszugehen, dass diese Aussagen ihre Situation ziemlich genau treffen. Was hier in Zukunftsform beschrieben wird, ist für die Leserinnen der Gegenwart bestimmt – *wer es liest, merke auf!* – sie können sich darin wiederfinden. Gegenwart ist aber auch noch etwas anderes: Dass die *Zeit erfüllt* ist, dass das *Reich Gottes angebrochen* ist, dass *Umkehr* und *Glauben* möglich geworden sind (vgl. Mk 1,15). An den Lesern ist es, diese beiden Größen zusammenzubringen: das Kommen des Reiches Gottes und die erfahrbare Wirklichkeit der Bedrängnis.

Wenn wir uns diese Wirklichkeit etwas näher anschauen, stellen wir fest, dass sie mit ähnlichen Ausdrücken und Vorstellungen beschrieben wird, wie wir sie bei den Leidens- und Auferstehungsaussagen Jesu im Hinblick auf das Leiden, Sterben und Auferstehen des Menschensohns gefunden haben. Hier eine kleine Gegenüberstellung, in der die übereinstimmenden Vorstellungen und Ausdrücke hervorgehoben werden:

Mk 8,31–9,1

31 *Dann begann er, sie darüber zu belehren, der Menschensohn müsse vieles erleiden und von den Ältesten, den Hohenpriestern und den Schriftgelehrten verworfen werden; er werde getötet, aber nach drei Tagen werde er auferstehen.*
32 *Und er redete ganz offen darüber. Da nahm ihn Petrus beiseite und machte ihm Vorwürfe.*

Mk 13,5–13

5 *Jesus sagte zu ihnen: Gebt acht, dass euch niemand irreführt!*
6 *Viele werden unter meinem Namen auftreten und sagen: Ich bin es! Und sie werden viele irreführen.*
7 *Wenn ihr dann von Kriegen hört und Nachrichten über Kriege euch beunruhigen, lasst euch nicht erschrecken! Das muss geschehen. Es ist aber noch nicht das Ende.*

33 Jesus wandte sich um, sah seine Jünger an und wies Petrus mit den Worten zurecht: Weg mit dir, Satan, geh mir aus den Augen! Denn du hast nicht das im Sinn, was Gott will, sondern was die Menschen wollen.

34 Er rief die Volksmenge und seine Jünger zu sich und sagte: Wer mein Jünger sein will, der verleugne sich selbst, nehme sein Kreuz auf sich und folge mir nach.
35 Denn wer sein Leben retten will, wird es verlieren; wer aber sein Leben um meinetwillen und um des Evangeliums willen verliert, wird es retten.
36 Was nützt es einem Menschen, wenn er die ganze Welt gewinnt, dabei aber sein Leben einbüßt?
37 Um welchen Preis könnte ein Mensch sein Leben zurückkaufen?
38 Denn wer sich vor dieser treulosen und sündigen Generation meiner und meiner Worte schämt, dessen wird sich auch der Menschensohn schämen, wenn er mit den heiligen Engeln in der Hoheit seines Vaters kommt.
1 Und er sagte zu ihnen: Amen, ich sage euch: Von denen, die hier stehen, werden einige den Tod nicht erleiden, bis sie gesehen haben, dass das Reich Gottes in Macht gekommen ist.

8 Denn ein Volk wird sich gegen das andere erheben und ein Reich gegen das andere. Und an vielen Orten wird es Erdbeben und Hungersnöte geben. Doch das ist erst der Anfang der Wehen.

9 Ihr aber, macht euch darauf gefasst: Man wird euch um meinetwillen vor die Gerichte bringen, in den Synagogen misshandeln und vor Statthalter und Könige stellen, damit ihr vor ihnen Zeugnis ablegt.
10 Vor dem Ende aber muss allen Völkern das Evangelium verkündet werden.
11 Und wenn man euch abführt und vor Gericht stellt, dann macht euch nicht im Voraus Sorgen, was ihr sagen sollt; sondern was euch in jener Stunde eingegeben wird, das sagt! Denn nicht ihr werdet dann reden, sondern der Heilige Geist.
12 Brüder werden einander dem Tod ausliefern und Väter ihre Kinder, und die Kinder werden sich gegen ihre Eltern auflehnen und sie in den Tod schicken.
13 Und ihr werdet um meines Namens willen von allen gehasst werden; wer aber bis zum Ende standhaft bleibt, der wird gerettet.

Es ist deutlich: Die Gemeinden im Markusevangelium, repräsentiert durch die Jüngerinnen und Jünger, gehen den gleichen Weg wie Jesus ihn gegangen ist und geht. Das Reich Gottes ist weder zeitlich noch räumlich „jenseits“ dieses Weges zu suchen; das Reich Gottes ist im Mit-Gehen mit Jesus zu finden. Dort und nirgendwo anders und auch nicht in ferner Zukunft kommt das Reich Gottes in Macht an, weswegen *einige der hier Herumstehenden* das auch noch erleben werden (Mk 9,1). Markus versteht die gegenwärtige Zeit der Gemeinde als Endzeit, in der Gott bzw. das Reich Gottes *mit Macht* ankommt.

Im Zeichen des Menschensohns

Lesen wir in Mk 13 noch ein paar Verse weiter:

> 24 *Aber in jenen Tagen, nach der großen Not, wird sich die Sonne verfinstern, und der Mond wird nicht mehr scheinen;* 25 *die Sterne werden vom Himmel fallen, und die Kräfte des Himmels werden erschüttert werden.* 26 *Dann wird man den Menschensohn mit großer Macht und Herrlichkeit auf den Wolken kommen sehen.* 27 *Und er wird die Engel aussenden und die von ihm Auserwählten aus allen vier Windrichtungen zusammenführen, vom Ende der Erde bis zum Ende des Himmels.*

Die apokalyptische Stimmung ist hier noch deutlicher und dichter: das Verfinstern der Sonne, die Sterne, die vom Himmel fallen, die kosmischen Erschütterungen und dann – nicht zuletzt – das Kommen des Menschensohns. Kein Zweifel, dass wir in V 26 an Dan 7 erinnert werden, den apokalyptischen Text, den wir weiter oben gelesen haben:

Da kam mit den Wolken des Himmels einer wie ein Menschensohn ... Ihm wurden Herrschaft, Würde und Königtum gegeben. Alle Völker, Nationen und Sprachen müssen ihm dienen. Seine Herrschaft ist eine ewige, unvergängliche Herrschaft. Sein Reich geht niemals unter ... (Dan 7,14).

Ob sich Jesus selbst als den Menschensohn verstanden hat oder ob seine Anhängerinnen und Anhänger schon sehr früh diesen Titel auf Jesus übertragen haben, tut jetzt nicht viel zur Sache. Sicher war Markus nicht der Erste, der Jesus mit dem Menschensohn identifizierte. Sicher ist auch, dass der Menschensohn nicht einfach von seinen Getreuen isoliert betrachtet werden darf, eine kollektive Note wird dieser Titel immer an sich haben (vgl. Dan 7,18, wo mit dem Menschensohn *die Heiligen des Höchsten* gemeint sind). Ebenso sicher ist, dass Markus auch hier einen besonderen Akzent setzen wollte: Er gebraucht den Titel Menschensohn 14-mal in seinem Evangelium, 10-mal davon steht er in deutlichem Zusammenhang des Todes und der Auferstehung Jesu. Über die drei Leidens- und Auferstehungsankündigungen (Mk 8,31; 9,31; 10,33) hinaus noch in 9,9.12; 10,45; 14,21 (zweimal).41.62. Für Markus ist Jesus vor allem der *leidende und auferstandene Menschensohn*, wodurch dieser Titel eine ganz neue Dimension erhält. Da wir diese Bedeutung des Titels Menschensohn nur im zweiten Teil des Evangeliums antreffen, der ganz von der Leidens-, Sterbens- und Auferstehungsproblematik durchdrungen ist, könnte es möglich sein, dass er auch in 13,26 diese Bedeutung hat. In der Tat weist der Vers selbst auf das Selbstzeugnis Jesu vor dem Hohenpriester hin. Auf dessen Frage: *Bist du der Messias, der Sohn des Hochgelobten?* antwortet Jesus:

Ich bin es. Und ihr werdet den Menschensohn zur Rechten der Macht sitzen und mit den Wolken des Himmels kommen sehen (Mk 14,61–62).

Dabei darf nicht vergessen werden, dass das *Sitzen zur Rechten der Macht* bzw. Gottes an Ps 110,1 erinnert:

So spricht JHWH zu meinem Herrn: Setze dich mir zur Rechten …

Wie kaum ein anderer Psalm spielt der Königspsalm 110 in der Urkirche im Zusammenhang des Osterzeugnisses eine bedeutende Rolle: Die Auferweckung Jesu wird als Erhöhung und Inthronisation des Gekreuzigten verstanden (vgl. 1Kor 15,25f; Apg 2,34).

Auch der unmittelbare Zusammenhang von Mk 13,26 bestätigt diese Verbindung des *Menschensohnes* mit dem Tod und der Auferstehung Jesu. Die in V 24 angekündigte *Finsternis* tritt beim Tode Jesu ein (14,33). Vom Königtum, das in Dan 7,14 dem Menschensohn übergeben wird, ist in der Proklamation des heidnischen Hauptmanns die Rede, wenn er unter dem Kreuz auf den eben verstorbenen Jesus hinweisend erklärt: *Dieser Mensch war wahrhaftig Gottes Sohn* – erinnern wir uns an den königlichen Klang des Titels *Sohn Gottes*. Das Zusammenführen der Auserwählten aus allen *vier Windrichtungen* erinnert nicht nur an Sach 2,10,

Auf, auf! Flieht aus dem Land des Nordens – Spruch JHWHs. Denn in die vier Windrichtungen des Himmels habe ich euch zerstreut – Spruch JHWHs

sondern lässt auch an die Szene unmittelbar nach dem letzten Mahl denken:

Nach dem Lobgesang gingen sie zum Ölberg hinaus.
Da sagte Jesus zu ihnen: Ihr werdet alle (an mir) Anstoß nehmen und zu Fall kommen; denn in der Schrift steht: Ich werde den Hirten erschlagen, dann werden sich die Schafe zerstreuen.
Aber nach meiner Auferstehung werde ich euch nach Galiläa vorausgehen (Mk 14,26–28).

Auch hier liegt ein Sacharja-Zitat zu Grunde:

Schlag den Hirten, dann werden sich die Schafe zerstreuen (Sach 13,7).

Es dürfte deutlich sein: Das Erschlagen des Hirten leitet nicht nur die Zerstreuung der Schafe ein, sondern auch deren Sammlung, wenn der Hirt ihnen nach der Auferstehung nach Galiläa vorausgeht. Das trifft sich sehr gut mit der Verheißung des Engels am Grab, wenn er den Jüngern und Petrus durch die Frauen ausrichten lässt:

Er ist auferstanden, er ist nicht hier … Er geht euch voraus nach Galiläa; dort werdet ihr ihn sehen, wie er es euch gesagt hat (Mk 16,7).

Die gegenwärtige Endzeitstimmung

Lesen wir den Text in Mk 13 zu Ende. Es ist, wie wenn aus dem Vorausgehenden die Konsequenzen für das Verhalten gezogen würden. Dazu braucht es kaum noch einen Kommentar, wenn wir davon ausgehen, dass diese Worte wirklich in die Situation der Gemeinden des Markus hineingesprochen sind. *Sie* sind mit *dieser Generation* gemeint; *sie* können jetzt schon feststellen, dass *die Zweige saftig werden und Blätter treiben; sie* können die Erfahrung machen, dass *seine Worte nicht vergehen werden,* d. h. dass er zu seinem Wort steht.

> [28]*Lernt etwas aus dem Vergleich mit dem Feigenbaum! Sobald seine Zweige saftig werden und Blätter treiben, wisst ihr, dass der Sommer nahe ist.* [29]*Genauso sollt ihr erkennen, wenn ihr (all) das geschehen seht, dass das Ende vor der Tür steht.* [30]*Amen, ich sage euch: Diese Generation wird nicht vergehen, bis das alles eintrifft.* [31]*Himmel und Erde werden vergehen, aber meine Worte werden nicht vergehen* (Mk 13,28–31).

Selbst den folgenden Vers braucht man nicht auf das Ende der Tage im chronologischen Sinn zu beziehen.

> [32]*Doch jenen Tag und jene Stunde kennt niemand, auch nicht die Engel im Himmel, nicht einmal der Sohn, sondern nur der Vater.*

Denn sowohl *jener Tag* wie auch *die Stunde* verweisen im Markusevangelium auf das Kreuz und die Auferstehung Jesu. So lesen wir in Mk 2,20:

> *Es werden aber Tage kommen, da wird ihnen der Bräutigam genommen sein; an jenem Tag werden sie fasten.*

Mit *jenem Tag* ist sicher nicht der „Jüngste Tag“ gemeint, sondern der Tag, in dem die Gemeinden *jetzt* stehen – und fasten.

So ist wohl auch *jener Tag* zu verstehen, von dem Jesus bei seinem Letzten Mahl spricht:

> *Amen, ich sage euch: Ich werde nicht mehr von der Frucht des Weinstocks trinken bis zu jenem Tag, an dem ich von neuem davon trinke im Reich Gottes* (14,25).

Wohl spricht hier Jesus von seinem bevorstehenden Tod; zugleich bringt er aber seine Überzeugung zum Ausdruck, dass er nicht im Tod bleiben wird. Mit *jenem Tag* meint er auch hier nicht den „Jüngsten Tag"; mit *jenem Tag* meint er die Zeit nach seiner Auferstehung.

Zu einem ähnlichen Ergebnis kommen wir, wenn wir dem Ausdruck *die Stunde* im Markusevangelium nachgehen. In diesem absoluten Sinn finden wir ihn nur in der Getsemani-Szene. Hier betet Jesus, dass, wenn es möglich ist, *die Stunde* an ihm vorübergehen möge (14,35), und am Ende der Szene sagt er: *Die Stunde ist gekommen.* (14,41) Kein Zweifel: *Die Stunde* verweist uns an das Kreuz. Verständlich: *Jenen Tag* und *die Stunde* kennt nur der Vater, wobei dieses *Kennen* nicht nur im intellektuellen Sinn zu verstehen ist; *jener Tag* und *die Stunde* gehören zum Geheimnis Gottes.

Die Zeit des Todes Jesu und die Zeit nach seiner Auferweckung: Es ist auch die Zeit der Gemeinden, an die Markus schreibt, stehen doch die Gemeinden in der Nachfolge des Menschensohns. Verstehen können sich diese Gemeinden nur von diesen beiden Eckdaten des Todes und der Auferstehung Jesu her, wobei diese beiden Eckdaten eigentlich wie die zwei Seiten der einen Medaille sind. Sind sich die Gemeinden dieser auch *ihrer* Zeit bewusst, liegen die Konsequenzen nahe:

> 33 *Seht euch also vor, und bleibt wach! Denn ihr wisst nicht, wann die Zeit da ist.* 34 *Es ist wie mit einem Mann, der sein Haus verließ, um auf Reisen zu gehen: Er übertrug alle Verantwortung seinen Dienern, jedem eine bestimmte Aufgabe; dem Türhüter befahl er, wachsam zu sein.* 35 *Seid also wachsam! Denn ihr wisst nicht, wann der Hausherr kommt, ob am Abend oder um Mitternacht,*

ob beim Hahnenschrei oder erst am Morgen. [36]*Er soll euch, wenn er plötzlich kommt, nicht schlafend antreffen.* [37]*Was ich aber euch sage, das sage ich allen: Seid wachsam!* (Mk 13,33–37).

Die „Markus-Apokalypse" ist alles andere als ein „Fremdkörper" im Markusevangelium. Sie fügt sich ausgezeichnet ins Gesamt des Evangeliums und eröffnet uns noch einmal den Blick auf die Gemeinden des Markus: *Was ich aber euch sage, das sage ich allen: Seid wachsam!* Nicht von einer fremden, fernen Endzeit berichtet dieses Kapitel, sondern von einer Verheißung, die *jetzt schon* in Erfüllung geht, wenn auch unter bedrängenden Umständen. Die Vermutung ist erlaubt: Die Christinnen und Christen, denen Markus sein Evangelium schreibt, befinden sich auf dem Weg nach Galiläa. Oder sind sie da sogar schon angelangt?

… jetzt in dieser Zeit …

Eine konkrete Illustration zu dem eben Gesagten findet sich in Mk 10,28–31.

[28]*Da sagte Petrus zu ihm: Du weißt, wir haben alles verlassen und sind dir nachgefolgt.*
[29]*Jesus antwortete: Amen, ich sage euch: Jeder, der um meinetwillen und um des Evangeliums willen Haus oder Brüder, Schwestern, Mutter, Vater, Kinder oder Äcker verlassen hat,* [30]*wird das Hundertfache dafür empfangen: Jetzt in dieser Zeit wird er Häuser, Brüder, Schwestern, Mütter, Kinder und Äcker erhalten, wenn auch unter Verfolgungen, und in der kommenden Welt das ewige Leben.*

> 31 *Viele aber, die jetzt die Ersten sind, werden dann die Letzten sein, und die Letzten werden die Ersten sein.*

Für Markus ist es klar: *Jetzt in dieser Zeit* schon wird mit *Hundertfachem* belohnt; die Fülle des Lebens, das *ewige Leben,* wird freilich erst für *die kommende Welt* in Aussicht gestellt. Von Markus dürfte der Einschub *um des Evangeliums willen* stammen, denn für ihn ist die jetzige Zeit die Zeit, in der das Evangelium verkündet wird, vgl. dazu Mk 14,9 und 8,35. Von Markus stammt auch der Hinweis *unter Verfolgungen*; gerade das eben besprochene Kapitel 13 ist nur aus dem Zusammenhang von starken Bedrängnissen zu verstehen. V 31 – wir finden eine gleiche oder ähnliche Aussage auch noch in der Parallelstelle Mt 19,30, in Mt 20,16 und Lk 18,29f –, hat Markus bewusst hier eingefügt, um gewissen Leuten klar zu machen, dass nicht sie den Lohn berechnen oder gar bestimmen, sondern dass sich Gott alle Freiheit vorbehält.

Wahrhaftig, dieser Mensch war Gottes Sohn! (Mk 15,39)

Kein anderes Zeichen

Die so genannte Passionsgeschichte im Markusevangelium beginnt in Mk 14,1ff:

> *Es war zwei Tage vor dem Pascha und dem Fest der Ungesäuerten Brote. Die Hohenpriester und die Schriftgelehrten suchten nach einer Möglichkeit, Jesus mit List in ihre Gewalt zu bringen, um ihn zu töten. Sie sagten aber: Ja nicht am Fest, damit es im Volk keinen Aufruhr gibt* (Mk 14,1–2).

Diese Einleitung erhielte eigentlich ihre „logische" Fortsetzung in Mk 14,10–11:

> *Judas Iskariot, einer der Zwölf, ging zu den Hohenpriestern. Er wollte Jesus an sie ausliefern. Als sie das hörten, freuten sie sich und versprachen, ihm Geld dafür zu geben. Von da an suchte er nach einer günstigen Gelegenheit, ihn auszuliefern.*

Gleich darauf, *am ersten Tag der ungesäuerten Brote*, sollten die Jünger Vorbereitungen für das Paschamahl treffen (Mk 14,12ff). Auch das passt gut als Fortsetzung der Einleitung, in der das Pascha und das Fest der Ungesäuerten Brote erwähnt wurden.

So ist aber der Ablauf im Markusevangelium nicht. Nach der Einleitung tritt nicht Judas auf den Plan, sondern eine unbekannte Frau. Man kann sich des Eindrucks nicht erwehren, dass die Geschichte dieser Frau irgendwann noch vor der endgültigen Niederschrift des Evangeliums in diesen Ablauf eingefügt wurde. Hier die Erzählung:

> [3]*Als Jesus in Betanien im Haus Simons des Aussätzigen bei Tisch war, kam eine Frau mit einem Alabastergefäß voll echtem, kostbarem Nardenöl, zerbrach es und goss das Öl über sein Haupt.*
> [4]*Einige aber wurden unwillig und sagten zueinander: Wozu diese Verschwendung?* [5]*Man hätte das Öl um mehr als dreihundert Denare verkaufen und das Geld den Armen geben können. Und sie machten der Frau heftige Vorwürfe.*
> [6]*Jesus aber sagte: Hört auf! Warum lasst ihr sie nicht in Ruhe? Sie hat ein gutes Werk an mir getan.* [7]*Denn die Armen habt ihr immer bei euch, und ihr könnt ihnen Gutes tun, so oft ihr wollt; mich aber habt ihr nicht immer.* [8]*Sie hat getan, was sie konnte. Sie hat im Voraus meinen Leib für das Begräbnis gesalbt.*
> [9]*Amen, ich sage euch: Überall auf der Welt, wo das Evangelium verkündet wird, wird man sich an sie erinnern und erzählen, was sie getan hat* (Mk 14,3–9).

Der Aufbau der Erzählung ist durchsichtig:
- Die Salbung muss etwas Besonderes sein: Eine namenlose Frau kommt offensichtlich unangemeldet während des Essens in das Haus des Simon. Sie hat ein Alabastergefäß voll echter, kostbarer Narde in der Hand. Sie zerbricht das Alabastergefäß und gießt den Inhalt über das Haupt Jesu.
- Die Reaktion einiger Anwesenden ist sehr unwirsch; sie werfen ihr Verschwendung vor und argumentieren „ethisch“: Man hätte das Öl verkaufen und den Erlös davon den Armen geben können.
- Jesus nimmt Stellung. Er weist zuerst den Angriff auf die Frau zurück. In seiner Gegenargumentation wechselt er von

der ethischen zur persönlichen Betrachtungsweise: Arme habt ihr immer bei euch, mich aber habt ihr nicht immer. Dann deutet er die Salbung als symbolische Vorwegnahme der Totensalbung.

- Im letzten Vers wird das Geschehen in die weltweite Verkündigung des Evangeliums eingeordnet.

Die Erzählung eignet sich gut als Beginn der Passionsgeschichte, ganz besonders wenn man bedenkt, dass sie zusammen mit der letzten Erzählung einen Rahmen bildet. In Mk 16,1–8 kommen nämlich *Frauen* zum Grabe, um Jesus zu *salben*, ein Unterfangen, das sie allerdings nicht verwirklichen können, weil Jesus nicht mehr da ist.

Es kommt aber noch etwas hinzu. Der erste Vers der Salbungserzählung ist von einer Eindrücklichkeit und von einem Überschwang, dass man damit nur schwer eine Totensalbung in Zusammenhang bringen kann, ganz abgesehen davon, dass bei einer Totensalbung der ganze Leib und nicht nur das Haupt einbalsamiert wird. Die Salbung des Hauptes erinnert viel eher an eine Königssalbung, wie sie im Ersten Testament mehrfach bezeugt ist. So heißt es in 1Sam 10,1:

> *Samuel nahm das Ölgefäß und goss es über das Haupt Sauls aus, küsste ihn und sprach: Hiermit hat dich JHWH zum Fürsten über sein Erbteil gesalbt.*

In 2Kön 9,3 erhält der Prophet Elischa den Auftrag, Jehu zum König zu salben:

> *... nimm den Ölkrug, gieße ihn über sein Haupt aus und sage: Also spricht JHWH: Ich salbe dich zum König über Israel.*

Im Zusammenhang der Symbolhandlungen sprachen wir davon, dass diese typisch seien für die prophetische Verkündigung (S. 98–99). Wäre es möglich, in unserer Erzählung von der Salbung Jesu in jener namenlosen Frau eine Prophetin zu sehen, die in einer Symbolhandlung Jesus zum König salbt? Das steht überhaupt nicht im Widerspruch zur Interpretation Jesu, dass die Frau ihn für das Begräbnis gesalbt habe, denn nirgendwo wird im Markusevangelium das Königtum Jesu so deutlich proklamiert wie im Zusammenhang seines Todes; im Laufe dieses Kapitels werden wir Gelegenheit haben, auf diesen Sachverhalt zurückzukommen. Hier nur so viel: Wenn der heidnische Hauptmann auf den eben verstorbenen Jesus weist und bekennt: *Dieser Mensch war in Wahrheit Gottes Sohn* (Mk 15,39), hat dieser Titel *Gottes Sohn* einen unzweifelhaft königlichen Klang.

Ist diese Interpretation richtig – nicht alle Exegeten sind sich da einig – darf man in der Erzählung von der Salbung Jesu in Mk 14,2–9 nicht nur ein wunderbares Eingangstor zur Passionsgeschichte sehen, sondern auch eine Vorwegnahme der Deutung der Passionsgeschichte.

Was die Passionsgeschichte anbelangt, die im Folgenden nicht bis in alle Einzelheiten analysiert werden soll, springen ganz bestimmte Dinge in die Augen, denen es nachzugehen gilt. Zum einen legen die Erzähler weniger Wert auf die Genauigkeit der historischen Fakten, die sie überliefern, als auf die Deutung dieser Fakten. So kann man feststellen, dass praktisch jeder Vers der Passionserzählung von den Schriften des Ersten Testaments inspiriert ist. Es sind besonders die Psalmen, an die wir beim Lesen der Erzählung erinnert werden, vornehmlich die Klagelieder des verfolgten, leidenden und erhöhten Gerechten, wie Ps 22; 69; 38 u. a.; ferner haben auch die so genannten Gottesknechtlieder (besonders Jes 53) und anderes mehr bei der Abfassung der Erzählung eine bedeutende Rolle gespielt.

Das ist sehr bedenkenswert. Wenn die ersten Christinnen die Passionsgeschichte erzählten, brauchten sie nicht nach Worten zu suchen; wie selbstverständlich kamen ihnen die Heiligen Schriften zu Hilfe. Die Psalmen, jahrhundertealte Gebete, schienen ihnen am geeignetsten, das Geschick Jesu zu erzählen. Das heißt aber auch, dass in die Erzählungen all die Seufzer, die Leiden, die Hoffnungen und die Enttäuschungen vieler Generationen eingegangen sind und mit ihnen auch die Erfahrungen der Erzähler selbst; sie kannten ja die Psalmen auswendig und beteten sie Tag für Tag. Was Jesus widerfahren ist, ist nicht außerhalb der Erfahrungen des Volkes Gottes zu suchen. Im Erzählen der Passionsgeschichte waren die Erzählerinnen eins mit Jesus, der mit seinem Gott ringt.

Zum andern finden wir in der Passionsgeschichte des Markus ab und zu – wie auch sonst im Evangelium – apokalyptische Vorstellungen und Redeweisen (vgl. dazu Mk 13 und die Ausführungen auf S. 201–208). Die Hinweise auf *den Tag* oder *die Stunde,* die Erwähnung der *dritten Stunde* oder der *sechsten* oder der *neunten Stunde* entstammen einem apokalyptischen Schema, das besagen will, dass der Weg zum Kreuz im Zusammenhang mit dem endgültigen Kommen Gottes zu sehen ist. Auch die *Finsternis,* die beim Tode Jesu hereinbricht, erinnert daran, dass der Tod Jesu etwas mit den Welt-End-Ereignissen zu tun hat. Es ist zu vermuten, dass diese apokalyptischen Vorstellungen vom Evangelisten Markus in die Erzählung eingebracht worden sind; denn er greift auch sonst auf die Apokalyptik zurück, um die Zeit und die Ereignisse zu deuten.

Das führt uns noch zu einer weiteren Beobachtung. Obwohl die Passionsgeschichte als zusammenhängende Erzählung gewiss schon sehr früh vorlag, wirkt sie im Markusevangelium nirgends wie ein Fremdkörper. Im Gegenteil: Das ganze Evangelium scheint auf die Passionsgeschichte ausgerichtet zu sein. Bereits vor mehr als hundert Jahren hat ein bedeutender Bibelwissenschaftler, Martin Kähler, die Idee ins Spiel gebracht, das Markusevangelium sei eine „Passionsgeschichte mit ausführlicher Einleitung“ und müsse dementsprechend vom Ende her gelesen werden. Markus hat die Passionsgeschichte ganz bewusst mit dem Evangelium verwoben – oder ist es umgekehrt: Hat Markus das übrige Evangelium mit der Passionsgeschichte verwoben?

Beispiel: Mk 15,20–41

An diesem Beispiel soll gezeigt werden, wie sehr sowohl der alttestamentliche Hintergrund wie auch die apokalyptischen Deutungen wie auch die theologischen und literarischen Verwebungen mit dem übrigen Evangelium zum Tragen kommen. Die Hinweise sind nicht vollständig; als erste Illustrationen mögen sie aber genügen. (Dem jeweiligen Text aus dem Evangelium folgen jeweils die eben angesprochenen Hintergrundtexte).

> 20 *Dann führten sie Jesus hinaus, um ihn zu kreuzigen.*

Lass den Lästerer aus dem Lager hinausführen! Alle, die es gehört haben, sollen ihm ihre Hände auf den Kopf legen; dann soll ihn die ganze Gemeinde steinigen (Lev 24,14).

JHWH sprach zu Mose: Der Mann (ein Sabbatschänder) ist mit dem Tod zu bestrafen. Die ganze Gemeinde soll ihn draußen vor dem Lager steinigen. Da führte die ganze Gemeinde den Mann vor das Lager hinaus und steinigte ihn zu Tod (Num 15,35f).

> 21 Einen Mann, der gerade vom Feld kam, Simon von Zyrene, den
> Vater des Alexander und des Rufus, zwangen sie, sein Kreuz zu
> tragen.

Er rief die Volksmenge und seine Jünger zu sich und sagte: Wer mein Jünger sein will, der verleugne sich selbst, nehme sein Kreuz auf sich und folge mir nach (Mk 8,34).

> 22 Und sie brachten Jesus an einen Ort namens Golgota, das heißt
> übersetzt: Schädelhöhe. 23 Dort reichten sie ihm Wein, der mit
> Myrrhe gewürzt war; er aber nahm ihn nicht.

Gebt berauschenden Trank dem, der zusammenbricht, und Wein denen, die im Herzen verbittert sind (Spr 31,6).

Sie gaben mir Gift zu essen, für den Durst reichten sie mir Essig (Ps 69,22).

> 24 Dann kreuzigten sie ihn. Sie warfen das Los und verteilten sei-
> ne Kleider unter sich und gaben jedem, was ihm zufiel.

Sie verteilen unter sich meine Kleider und werfen das Los um mein Gewand (Ps 22,19).

> 25 Es war die dritte Stunde, als sie ihn kreuzigten.

Doch jenen Tag und jene Stunde kennt niemand, auch nicht die Engel im Himmel, nicht einmal der Sohn, sondern nur der Vater (Mk 13,32).

Und er ging ein Stück weiter, warf sich auf die Erde nieder und betete, dass die Stunde, wenn möglich, an ihm vorübergehe (Mk 14,35).

Die Stunde ist gekommen; jetzt wird der Menschensohn den Sündern ausgeliefert (Mk 14,41).

Vgl. auch unten V 33.34.

Und laut schallt die Trompete; bei ihrem Klang wird alles plötzlich zittern und erbeben ... Und Wasserquellen stehen still und laufen nicht drei Stunden lang. (4Esr 6,23; das 4. Buch Esra ist eine apokalyptische Schrift, die nach 70. n. Chr. von einem jüdischen Autor verfasst und auch in christlichen Kreisen überliefert wurde).

> 26 *Und eine Aufschrift (auf einer Tafel) gab seine Schuld an: Der König der Juden.*

Vgl. was dazu oben S. 65ff. zum *Königtum* zu lesen ist und beachte den bedeutenden Raum, den das Thema *König* in der ganzen Passionsgeschichte einnimmt: Mk 15,2.9.12.18.32.

> 27 *Zusammen mit ihm kreuzigten sie zwei Räuber, den einen rechts von ihm, den andern links.*

Deshalb gebe ich ihm seinen Anteil unter den Großen, und mit den Mächtigen teilt er die Beute, weil er sein Leben dem Tod preisgab und sich unter die Verbrecher rechnen ließ (Jes 53,12).

In einigen, aber nicht in den wichtigsten Handschriften steht Mk 15,28:

Und es wurde die Schrift erfüllt, die sagt: Und er wurde zu den Verbrechern gerechnet. (Jes 53,12, vgl. Lk 22,37).

> 29 *Die Leute, die vorbeikamen, lästerten ihn, schüttelten den Kopf und riefen: Ach, du willst den Tempel niederreißen und in drei*

Tagen wieder aufbauen? [30]*Hilf dir doch selbst, und steig herab vom Kreuz!*
[31]*Auch die Hohenpriester und die Schriftgelehrten verhöhnten ihn und sagten zueinander: Andere hat er gerettet, sich selbst kann er nicht retten.* [32]*Der Messias, der König von Israel! Er soll doch jetzt vom Kreuz herabsteigen, damit wir sehen und glauben. Auch die beiden Männer, die mit ihm zusammen gekreuzigt wurden, beschimpften ihn.*

Ich aber bin ein Wurm und kein Mensch, der Leute Spott, vom Volk verachtet. Alle, die mich sehen, verlachen mich, verziehen die Lippen, schütteln den Kopf: Er wälze die Last auf JHWH, der soll ihn befreien! Der reiße ihn heraus, wenn er an ihm Gefallen hat (Ps 22,8–9).

Ich wurde für sie zum Spott und zum Hohn, sie schütteln den Kopf, wenn sie mich sehen (Ps 109,25).

Ich will ihr Land zu einem Ort des Entsetzens machen, zum Gespött für immer. Jeder, der dort vorbeikommt, wird sich entsetzen und den Kopf schütteln (Jer 18,16).

Zum Spott geworden bin ich all meinen Feinden, ein Hohn den Nachbarn, ein Schrecken den Freunden; wer mich auf der Strasse sieht, der flieht vor mir (Ps 31,12).

Denn der Eifer für dein Haus hat mich verzehrt; die Schmähungen derer, die dich schmähen, haben mich getroffen (Ps 69,10).

Dass Jesus Leute rettete, geht aus dem Markusevangelium des Öftern hervor:

Was ist am Sabbat erlaubt: Gutes zu tun oder Böses, ein Leben zu retten oder es zu vernichten? Sie aber schwiegen (Mk 3,4).

Meine Tochter liegt im Sterben. Komm und leg ihr die Hände auf, damit sie gerettet wird und am Leben bleibt (Mk 5,23).

Er aber sagte zu ihr: Meine Tochter, dein Glaube hat dich gerettet. Geh in Frieden! (Mk 5,34)

Und alle, die ihn berührten, wurden gerettet (Mk 6,56).

> 33 *Als die sechste Stunde kam, brach über das ganze Land eine Finsternis herein. Sie dauerte bis zur neunten Stunde.*

Nimmt die Stundenzählung von V 25 auf.

An jenem Tag – Spruch Gottes, des Ewigen – lasse ich am Mittag die Sonne untergehen und breite am helllichten Tag über die Erde Finsternis aus (Am 8,9).

Alle Bewohner des Landes sollen zittern; denn es kommt der Tag JHWHs, ja, er ist nahe ... Sonne und Mond verfinstern sich, die Sterne halten ihr Licht zurück (Joel 2,2.10).

Aber in jenen Tagen, nach der großen Not, wird sich die Sonne verfinstern, und der Mond wird nicht mehr scheinen; die Sterne werden vom Himmel fallen, und die Kräfte des Himmels werden erschüttert werden. Dann wird man den Menschensohn mit großer Macht und Herrlichkeit auf den Wolken kommen sehen (Mk 13,24f.26).

> 34 *Und in der neunten Stunde rief Jesus mit lauter Stimme: Eloï, Eloï, lema sabachtani?, das heißt übersetzt: Mein Gott, mein Gott, warum hast du mich verlassen?*

Mein Gott, mein Gott, warum hast du mich verlassen, bist fern meinem Schreien, den Worten meiner Klage (Ps 22,2)?

> 35 *Einige von denen, die dabeistanden und es hörten, sagten: Hört, er ruft nach Elija!*

... seine Kleider wurden strahlend weiß, so weiß, wie sie auf Erden kein Bleicher machen kann. Da erschien vor ihren Augen Elija und mit ihm Mose, und sie redeten mit Jesus (Mk 9,3–4).

Elija ist nicht nur – wie wir bereits S. 50/51 sahen – der große Prophet der Endzeit; zur Zeit Jesu wurde er auch als Nothelfer angerufen.

> [36]*Einer lief hin, tauchte einen Schwamm in Essig, steckte ihn auf einen Stock und gab Jesus zu trinken.*

Sie gaben mir Gift zu essen, für den Durst reichten sie mir Essig (Ps 69,22).

> *Dabei sagte er: Lasst uns doch sehen, ob Elija kommt und ihn herabnimmt.*
> [37]*Jesus aber schrie laut auf. Dann hauchte er den Geist aus.*
> [38]*Da riss der Vorhang im Tempel von oben bis unten entzwei.*

Es handelt sich hier wohl um die Scheidewand, die das Allerheiligste, die eigentliche Wohnung Gottes, vom Rest des Tempels trennt, ein Vorhang, der die Gottheit verhüllt (Ex 26; 35). Das Allerheiligste durfte nur der Hohepriester einmal im Jahr, nämlich am Jom Kippur (Versöhnungstag) betreten (Lev 16).

Und als er aus dem Wasser stieg, sah er, dass der Himmel sich zerriss und der Geist wie eine Taube auf ihn herabkam (Mk 1,10).

> [39]*Als der Hauptmann, der Jesus gegenüberstand, ihn auf diese Weise sterben sah, sagte er: Wahrhaftig, dieser Mensch war Gottes Sohn.*
> [40]*Auch einige Frauen sahen von weitem zu ...*

Die Freunde und Gefährten näherten sich mir feindlich, und meine Nächsten standen von weitem (Ps 39,12 in der Übersetzung der Septuaginta),

… darunter Maria aus Magdala, Maria, die Mutter von Jakobus dem Kleinen und Joses, sowie Salome; [41]sie waren Jesus schon in Galiläa nachgefolgt und hatten ihm gedient. Noch viele andere Frauen waren dabei, die mit ihm nach Jerusalem hinaufgezogen waren.

Der Sohn Gottes

Wenn es stimmt, dass das Markusevangelium eine „Passionsgeschichte mit ausführlicher Einleitung" ist, ist davon auszugehen, dass das Evangelium seinen Höhepunkt bei der Schilderung des Todes Jesu erreicht.

Wie wir bereits gesehen haben, ist der Evangelist Markus nicht nur äußerst zurückhaltend, was die Wunder Jesu anbelangt; er ist auch sehr zurückhaltend bezüglich der Titel, die Jesus gegeben werden. Gewiss ist Markus der Überzeugung, dass der Titel *Sohn Gottes* für Jesus wohl der entsprechendste ist. Aber Markus ist in großer Sorge, dass dieser Titel, wenn er einfach so gebraucht wird, zu schweren Missverständnissen führen könnte. Es kommt doch wesentlich darauf an, welche Vorstellung wir von Gott haben. Wenn Gott für uns immer der Sieger in unserem Sinn sein muss; wenn er sich im Konkurrenzkampf mit anderen Göttern behaupten muss; wenn er immer der Stärkste und der Größte sein muss: Wenn das die Vorstellung von Gott und von einem Sohn Gottes ist, dann ist Jesus nicht der Sohn Gottes. Sehr behutsam und hartnäckig zugleich versucht Markus das seinen Leserinnen klar zu machen.

An drei zentralen Stellen im Markusevangelium wird Jesus als der *Sohn Gottes* proklamiert: bei der Taufe, bei der Verklärung und unter dem Kreuz. Sonst sind es nur die Besessenen, die von Jesus sagen, er sei der Sohn Gottes, und jedes Mal bringt Jesus diese Leute zum Schweigen. Aber schauen wir uns die genannten drei Stellen näher an.

– Bei der Taufe heißt es:

> *Und als er aus dem Wasser stieg, sah er die Himmel sich zerreißen und den Geist wie eine Taube auf ihn herabkommen. Und eine Stimme aus dem Himmel sprach: Du bist mein geliebter Sohn, an dir habe ich Gefallen gefunden* (Mk 1,9–11).

Es ist, als ob Markus diese Aussage nicht einfach so stehen lassen könnte; denn je nach ihren Gottesvorstellungen könnten sich die Leserinnen irgendwelchen absurden Illusionen hingeben. Damit das gewiss nicht geschieht, fährt der Text geradezu rasant weiter:

> *Und sogleich trieb der Geist Jesus in die Wüste. Dort blieb Jesus vierzig Tage lang und wurde vom Satan in Versuchung geführt* (Mk 1,12).

Damit der Titel *Sohn Gottes* für Jesus stimmt, müssen wir das unbedingt mitlesen. Es bleibt nicht Zeit, sich bei diesem *Sohn Gottes* auszuruhen oder sich darin zu sonnen, weder für Jesus noch für die Leserinnen des Evangeliums. Wer an diesen Sohn Gottes glaubt, wer diesem Sohn Gottes nachfolgen will, der wird wie er in die Wüste getrieben und der wird wie er vom Satan versucht. Die Versuchung in der Wüste ist wie eine „Korrektur“ zu einem falsch verstandenen „Sohn Gottes“.

– Nicht viel anders ist es bei der Verklärung Jesu. Dort lesen wir Folgendes:

Nach sechs Tagen nahm Jesus den Petrus und den Jakobus und den Johannes und führte sie auf einen hohen Berg, abseits, allein. Da wurde er vor ihnen verwandelt, und seine Gewänder wurden ganz leuchtend weiß, wie sie kein Walker auf Erden so weiß machen kann. Und es erschien ihnen Elija mit Mose im Gespräch mit Jesus. Und Petrus sagte zu Jesus: Meister, es ist gut, dass wir hier sind. Wir wollen drei Hütten bauen, dir eine, Mose eine und Elija eine. Er wusste nämlich nicht, was er sagte, denn sie waren von Schrecken ergriffen. Da kam eine Wolke und überschattete sie, und eine Stimme erscholl aus der Wolke: Dieser ist mein geliebter Sohn, ihn sollt ihr hören (Mk 9,2–7).

Und wieder ist es, als ob Markus sich bewusst sei, dass er zu viel und zu Missverständliches gesagt habe, denn unmittelbar darauf fügt er hinzu:

Und als sie sich umblickten, sahen sie auf einmal niemand mehr bei sich, außer Jesus allein (Mk 9,8).

Auch hier hat man den Eindruck, Markus müsse etwas korrigieren. Er lässt Petrus und den anderen Jüngern keine Möglichkeit, beim Sohn Gottes zu verweilen. Petrus wollte sogar Hütten bauen. Darum das ernüchternde *sie sahen plötzlich niemanden mehr bei sich, außer Jesus allein.*

Und nicht nur das. Der Text geht so weiter:

Und während sie vom Berge herabstiegen, gebot er ihnen, niemandem zu erzählen, was sie gesehen hatten, bis der Menschensohn von den Toten auferstanden sei (Mk 9,9).

Es liegt auf der Hand: Die Erzählung meint die Gemeinden, an die Markus sein Evangelium schreibt. Er steht damit in einer guten alttestamentlichen Tradition, in der ja auch ein ständiges Ringen zwischen Gott und den Menschen festzustellen ist. Auf der einen Seite die Menschen, die Gott für sich haben, festhalten, ja in Kontrolle bringen wollen, und auf der anderen Seite Gott, der um seine Freiheit kämpft und sich dagegen wehrt, sich zum Götzen machen zu lassen. Der Beispiele gibt es viele, man denke nur an Israels Wunsch nach einem König, wo doch eigentlich Gott sein König ist (vgl. 1Sam 8), oder an Davids sicher gut gemeinte Absicht, Gott ein Haus zu bauen, wo doch Gott nie einen solchen Wunsch geäußert hat und durch all die Jahre hindurch immer mit seinem Volk gegangen ist (vgl. 2Sam 7). Menschen werden immer versucht sein, Gott in ihre Kontrolle zu bringen, Gott das sagen zu lassen, was sie am liebsten hören, Gott das sein zu lassen, was sie am liebsten selber wären (Gott als Projektion des besseren Ichs). Und sie merken es nicht, dass sie sich dabei Schnitzbilder basteln und sich Götzen ausliefern, die ihnen nicht das Leben, sondern den Tod bringen.

Oder wie der Prophet Jeremia sich ausdrückte, als er Gott sagen ließ:

> *Sie verließen mich, den Quell lebendigen Wassers, und haben sich Zisternen gegraben, Zisternen, die das Wasser nicht einmal halten können* (Jer 2,13).

– Und jetzt stehen wir an der dritten Stelle im Markusevangelium, an welcher Jesus als *Sohn Gottes* proklamiert wird. Es ist gewissermaßen der Höhepunkt des Evangeliums. Man hatte Jesus schon ans Kreuz geschlagen. Die Vorübergehenden und die Hohenpriester und die Schriftgelehrten verspotteten ihn:

Anderen hat er geholfen, sich selber kann er nicht helfen. Der Messias, der König Israels, steige jetzt herab vom Kreuz, damit wir sehen und glauben. Auch die, die mit ihm gekreuzigt worden waren, schmähten ihn (Mk 15,31f).

Und der Bericht fährt fort:

Und von der sechsten Stunde an kam eine Finsternis über das ganze Land bis zur neunten Stunde. Und in der neunten Stunde rief Jesus mit lauter Stimme: Eloi, Eloi, lama sabachtani, d. h. übersetzt: Mein Gott, mein Gott, warum hast du mich verlassen? (Mk 15,39f).

Über dieses Wort ist viel nachgedacht und geschrieben worden. Aber nehmen wir es doch wie es da steht: Derjenige, der Zeit seines Lebens die Menschen gelehrt hat, sich auf Gott zu verlassen, Gott zu trauen, er beklagt sich am Kreuz – wie es heißt: *mit lauter Stimme* – Gott habe ihn verlassen, Gott habe ihn fallengelassen. Und wenig später heißt es dann auch noch:

Er stieß einen lauten Schrei aus und hauchte den Geist aus (Mk 15,37).

Was nun in einem kurzen dramatischen Satz folgt, ist eine Deutung des Todes Jesu, wie sie selbst von den gewagtesten Opfertheorien nicht eingeholt werden kann:

Da riss der Vorhang im Tempel von oben bis unten entzwei (Mk 15,38).

Mit diesem Satz haben wir uns bereits im Zusammenhang der Taufe Jesu auseinandergesetzt.

Wenn dieser die Gottheit *verhüllende Vorhang* (vgl. Ex 35,12; 40,21; Num 4,5) beim Tode Jesu zerreißt, bedeutet das, dass im Tode Jesu Gott selbst enthüllt, ja für alle Menschen sichtbar wird, und umgekehrt, dass nun alle Menschen, nicht nur die Privilegierten, nicht nur der Hohepriester Zugang finden zu Gott. Es wird deutlich: Das Zerreißen der Himmel bei der Taufe und das Zerreißen des Tempelvorhangs beim Tod Jesu haben etwas miteinander zu tun: Unmittelbarkeit zwischen Gott und den Menschen ist möglich geworden.

Die Proklamation des heidnischen – bitte: des *heidnischen* Hauptmanns – ist in diesem Sinn zu verstehen. Markus schreibt:

> *Als der Hauptmann, der Jesus gegenüberstand, ihn auf diese Weise sterben sah, sagte er: Wahrhaftig, dieser Mensch war Gottes Sohn* (Mk 15,39).

Was der Hauptmann *sieht*? Er sieht *diesen Menschen* mit einem verzweifelten, aber immer noch nach *seinem* Gott rufenden Aufschrei den Geist, das Leben aushauchen – es gibt *kein anderes Zeichen* (vgl. Mk 8,12 und Parallelen) – und er proklamiert *diesen Menschen* als *Gottes Sohn*.

Markus braucht jetzt keine „Korrektur" mehr anzubringen. Jetzt „stimmt" das Bekenntnis zum *Sohn Gottes*. Aber wirklich erst jetzt, und wirklich erst hier. Hier und nur hier ist nach Markus der „Ort", wo Menschen Gott, *JHWH*, unverhüllt sehen können, der Ort, an dem Gott, *JHWH*, sich den Menschen unverhüllt preisgeben kann.

Ein Königsritual?

Vor Jahren hat ein bekannter Exeget, Philipp Vielhauer, den Vorschlag gemacht, hinter dem Markusevangelium ein altorientalisches Königsritual zu sehen. Er geht mit Recht davon aus, dass im Ersten Testament und in der Umwelt des Ersten Testaments der Titel „Sohn Gottes" zuerst einmal einen königlichen Klang habe. Der Titel „Sohn Gottes" steht zunächst einmal dem König zu: dem ägyptischen Pharao, dann aber auch den israelitischen Königen – denken wir dabei an die Königspsalmen wie Ps 2, in dem Gott zum König sagt: *Mein Sohn bist du, heute habe ich dich gezeugt*. Das Königtum spielt denn auch gerade in der Leidensgeschichte Jesu eine große Rolle: Jesus bekennt sich zum Königtum: *Du sagst es, ich bin ein König* (Mk 15,2); die Soldaten verspotten ihn als König: *Heil dir, König der Juden* (Mk 15,16–19); die Urteilsbegründung weist auf das Königtum, wie aus dem Titulus, der Inschrift, die über oder neben dem Kreuz stand, hervorgeht: *Der König der Juden* (Mk 15,26); schließlich nimmt auch die Verspottung unter dem Kreuz dieses Thema wieder auf: *Der Messias, der König Israels, steige jetzt herab vom Kreuz, damit wir sehen und glauben* (Mk 15,32).

Das damalige Königsritual bestand im Wesentlichen aus folgenden drei Akten:

- Adoption: Gott nimmt den König als Sohn an;
- Präsentation: Der König wird seinem Mitarbeiterstab vorgestellt;
- Akklamation: Das Volk bekennt sich jubelnd zu seinem König.

Tatsächlich finden wir im Markusevangelium diese drei Akte; wir haben sie gerade besprochen:

- Bei der Taufe sagt die Stimme aus dem Himmel: *Du bist mein geliebter Sohn, an dir habe ich mein Wohlgefallen* (Mk 1,11): die Adoption.
- Bei der Verklärung sagt die Stimme aus dem Himmel den drei engsten Mitarbeitern, die mit Jesus auf dem Berg waren: *Dieser ist mein geliebter Sohn, auf ihn sollt ihr hören* (Mk 9,8): die Präsentation.
- Beim Tode Jesu steht der heidnische Hauptmann da – gewissermaßen in Vertretung der ganzen Welt – und bekennt: *Dieser war in Wahrheit Gottes Sohn* (Mk 15,39): die Akklamation.

Die zwei Reiche

Der Vorschlag Vielhauers ist nur von wenigen Bibelwissenschaftlern aufgenommen worden; inspirierend ist er trotzdem. Ich habe ihn – sehr vereinfacht zusammengefasst – referiert, weil er uns veranlasst, noch einmal auf die Adressaten, das heißt auf die christlichen Gemeinden, denen Markus schreibt, aufmerksam zu machen. Wo immer sie geografisch anzusiedeln sind – die Forschung ist sich hier (noch) nicht einig, es könnte aber ganz gut Rom oder dessen Umgebung gewesen sein – sie lebten im *Römischen Reich*. Was das bedeutet, braucht jetzt nicht noch einmal dargelegt zu werden. Hier nur einige Hinweise zur Erinnerung: Zur Abfassungszeit unseres Evangeliums stand das Römische Reich auf dem Höhepunkt seiner Macht und seines Glanzes. Selbst moderne Geschichtsschreiber sind der Meinung, dass die Jahre der Kaiserzeit zu Beginn unserer Zeitrechnung die glücklichsten Jahre Roms waren. Alle hatten genug zu essen, die Wirtschaft blühte, das Verkehrswesen war gut ausgebaut, allen wurde eine ausreichende Bildung zugesichert, im ganzen Reich herrschte Ordnung, das Polizeiwesen war flächendeckend organisiert, ein schlagkräftiges Heer stand überall einsatzbereit ... Und an der Spitze der Kaiser in Rom, Zeichen und Garant der Macht, des Glanzes und der Einheit. Er trug Titel, die sonst der Gottheit vorbehalten waren: Augustus, Optimus, Maximus, Vater, ja, er wurde als Erscheinung, als Epiphanie Gottes verehrt. Weder vorher noch nachher hat es so etwas Faszinierendes gegeben wie das vergöttlichte römische Imperium – wenn man jetzt einmal absieht von den Millionen von Sklavinnen und enteigneten Kleinbauern, die für die oberen Schichten arbeiten mussten und unter sich zerstritten waren. Aber diese zählten ja nicht. Praktisch der ganze Mittelmeerraum, nach der damaligen Vorstellung der ganze „Erdkreis", war dem römischen Kaiser hörig. Die befriedeten (sprich: unterworfenen) Völker hatten all ihre Unternehmungen, ihre Politik, ihre Wirtschaft, ihr Bildungssystem dem unterzuordnen, was dem römischen Imperium diente. Verständlich, dass ein so riesiges Reich auch nach einem entsprechenden Staatsapparat rief. Aber was sollte man dagegen einwenden, wenn dieser Apparat gut funktionierte? Die Mächtigen haben für diese ganze erschreckende Wirklichkeit ein besänftigendes Wort erfunden: Pax Romana, Römischer Frieden.

Von dieser Wirklichkeit dürfen wir nicht absehen, wenn wir das Markusevangelium lesen, in dessen Zentrum die Verkündigung des *Reiches Gottes* steht. Vom Kaiserkult, der Millionen von Menschen zu Un-Menschen und Sklavinnen machte, dürfen wir nicht absehen, wenn wir lesen, dass der Hauptmann, der sieht, wie Jesus erniedrigt und verzweifelt und wie ein Sklave am Kreuze stirbt, bekennt: *Wahrhaftig, dieser Mensch war Gottes Sohn.*

Wenn sich Christusgläubige zu diesem *Sohn Gottes*, zu diesem *König* bekennen, stehen sie in vollem Gegensatz zum Kaiserreich. Das Bekenntnis zu diesem Gottessohn und König ist nicht der privaten Beliebigkeit anheimgegeben. „Sage mir, was für einen Gott du verehrst, und ich sage dir, was für einem Menschen- und Gesellschaftsbild du anhängst, was für eine Politik du betreibst." Markus hat zur damaligen – und zur heutigen – Welt eine Gegenwelt entworfen. Es ist eine Welt, in der *alle* Menschen in Frieden, Gerechtigkeit, Freiheit und Würde leben und sterben können.

Gewiss, es bleibt die Frage: Warum? Warum dieser schreckliche Tod?

Immer noch geistert eine sehr verzerrte Vorstellung von Gott in vielen Köpfen herum: „Die Menschen haben Gott durch ihre Sünden beleidigt, und dieser Gott gibt sich erst zufrieden, wenn er seinen Sohn am Kreuz den grausamen Sklaventod sterben sieht." Was für ein grauenhaftes Gottesbild! Was für ein blutrünstiger Vater! Was für ein erschreckender Sadismus wird hier zum Zentrum des Glaubens gemacht! Mag sein, dass es einmal Theologen gegeben hat, die so oder ähnlich von Gott gesprochen haben – vielleicht um die Sache zu vereinfachen, vielleicht um den Leuten Eindruck zu machen. Aber offizielle Lehre der Kirche war eine solche Auffassung nie.

Die Sache geht doch nach biblischer Vorstellung andersherum. Gott hat nie darauf bestanden, dass ihm Genugtuung geleistet wird. Gott hatte immer nur das eine im Sinn: Bei den Menschen zu sein, damit sie Leben haben, Leben in Fülle (vgl. Joh 10,10). Das ist ja sein Name von alters her: JHWH – ich bin da; ich bin bei euch; ich gehe mit euch. In seinem Mitsein ging und geht er selbst in seinem Sohn Jesus von Nazaret in die letzten und tiefsten Abgründe menschlicher Existenz hinein: in das Leiden, in die Verzweiflung, in die Angst, in den Fluch, in die Verlassenheit, in das Sterben. Nicht weil er beleidigt war, nicht weil er den Menschen Vorwürfe machen wollte, sondern ganz einfach weil er sich zu den Leidenden und Armen, zu den Verzweifelten und Verängstigten, zu den Versklavten und Verfluchten stellt – weil er sie liebt bis zum Letzten, bis in den Tod. Im Tod Jesu ist Gott für alle, die glauben, sichtbar der Gott der Sklaven, der Gott der Elenden, der Gott der Unterdrückten und Verfolgten geworden.

Ein Osterbekenntnis

Vergessen wir nicht: Das Bekenntnis des Hauptmanns *Wahrhaftig, dieser Mensch war Gottes Sohn* ist im Grunde genommen das christliche Osterbekenntnis. Denn genau hier im gekreuzigten Jesus von Nazaret als der Epiphanie Gottes sind neues Leben, Auferstehung, Aufbruch zu neuen Visionen möglich geworden. Die Visionen der Christusgläubigen sind nicht Fantastereien und gedankliche Spiele mit einem Schlaraffenland oder Himmel. Die eigentlichen Visionen, die echten Perspektiven leihen sich Christen bei den Vertriebenen, bei den Asylanten, bei denen, die nicht zählen, bei denen, die keine Geschichte, keinen Namen, keine Sprache haben, bei den modernen Sklavinnen, bei den Ausgegrenzten, mit denen sich Gott selbst im Messias Jesus solidarisiert bis zum Letzten.

An zentraler Stelle der Eucharistiefeier rufen die Gläubigen: *Deinen Tod, o Herr, verkünden wir und deine Auferstehung preisen wir bis du kommst in Herrlichkeit.* Sie verkünden diesen Tod als *Evangelium*, als Siegesnachricht. Sie sind der festen Überzeugung, dass der Tod nicht nur für Jesus nicht das letzte Wort hat, nicht nur für Jesus seine Schrecklichkeit verloren hat und nicht nur für Jesus überwunden ist. Sie verkünden den Tod des Herrn bis er kommt, weil im Tod Jesu Gott selbst sich endgültig gezeigt hat. Die Theologin und Mystikerin Dorothee Sölle hat es einmal ungefähr mit diesen Worten auf den Punkt gebracht: Der Tod ist immer schon hinter uns, vor uns ist die Liebe.

Damit wären wir am Höhepunkt des *Anfangs des Evangeliums Jesu Christi, des Sohnes Gottes* (Mk 1,1) angelangt. Ist es aber auch der Schlusspunkt? Und: Wo wäre denn die Fortsetzung?

Lesen wir weiter!

Er geht euch voran nach Galiläa (Mk 16,7)

Eine Verheißung

Ein urchristliches Glaubensbekenntnis

Bevor wir uns an dieses letzte Kapitel heranmachen, müssen wir einen Augenblick innehalten. Vom Ostergeschehen legt schon das älteste uns erhaltene Glaubensbekenntnis Zeugnis ab. Wir finden es im 1. Korintherbrief im Zusammenhang eines Kapitels, in welchem Paulus grundsätzlich von der Auferstehung der Toten spricht (1Kor 15). Der Text, der hier unmittelbar interessiert, lautet so:

> 1 *Ich erinnere euch an das Evangelium, das ich euch verkündet habe. Ihr habt es angenommen; es ist der Grund, auf dem ihr steht.* 2 *Durch dieses Evangelium werdet ihr gerettet, wenn ihr an dem Wortlaut festhaltet, den ich euch verkündet habe. Oder habt ihr den Glauben vielleicht unüberlegt angenommen?* 3 *Denn vor allem habe ich euch überliefert, was auch ich empfangen habe:*

> *Christus ist für unsere Sünden gestorben,*
> *gemäß der Schrift,*
> 4 *und ist begraben worden.*
> *Er ist am dritten Tag auferweckt worden,*
> *gemäß der Schrift,*
> 5 *und erschien dem Kephas,*
> *dann den Zwölf.*

Für die Thematik des Kapitels, die Auferstehung von den Toten, die von einigen Christen in Korinth anscheinend geleugnet wird (1Kor 15,12), ist das gemeinsame Glaubensbekenntnis, das *Evangelium*, von entscheidender Wichtigkeit. Im obigen Text haben wir es eingerahmt. Es ist ein Glaubensbekenntnis, das die Christinnen und Christen in Korinth bereits kennen, weil Paulus es ihnen früher schon verkündet hatte. Es ist zugleich das Glaubensbekenntnis, das auch Paulus selbst aus der christlichen Tradition übernommen hat, wie er selbst sagt. Sicher ist, dass dieses *Evangelium* ungefähr 30 Jahre vor der Abfassung des Markusevangeliums vorlag.

Verschiedene Redeweisen

Des Weiteren müssen wir uns bewusst sein, dass in diesem *Evangelium* verschiedene Redeweisen vorliegen; besonders anhand der unterstrichenen Verben lässt sich das gut nachweisen. Dass Jesus *gestorben* ist, lässt sich historisch einwandfrei überprüfen, auch dass er *begraben worden* ist. Tod und Begräbnis Jesu lassen sich schildern, wie Markus es im vorausgehenden Evangelium mit anderen historischen Ereignissen gemacht hat; ja, Tod und Begräbnis ließen sich strengstenfalls sogar fotografieren, wenn das damals möglich gewesen wäre. Etwas anderes sind die Erklärungen, die in diesem *Evangelium* hinzugefügt werden: Die Aussage, dass der *Christus* gestorben sei, setzt den Glauben voraus, dass Jesus tatsächlich der Christus, das heißt der Messias ist. Das lässt sich nun nicht mehr fotografieren, auch nicht, dass er *gemäß der Schrift* gestorben ist. Das gehört zu den Glaubensüberzeugungen derer, die dieses

Evangelium formuliert und weitergegeben haben. Und Glaubensüberzeugungen sprengen das rein Historische, Innerweltliche.

Das Verb, das im *Evangelium* folgt, lautet: *Er ist auferweckt worden.* Im Griechischen heißt das Verb eigentlich *aufwecken*, so dass man übersetzen müsste: Er ist auf*ge*weckt worden. Auf*er*wecken wird im Deutschen nur im Zusammenhang der Totenerweckung verwendet. Eine ähnliche Nuancierung wird im Deutschen übrigens auch bei der Übersetzung vom griechischen *aufstehen* gebraucht: Wenn es um die Totenauferstehung geht, wird es mit auf*er*stehen übersetzt, wenn es im „normalen", alltäglichen Sinn gebraucht wird, übersetzt man mit *aufstehen*, obwohl im Griechischen für beides das gleiche Verb steht.

Die Aussage *er ist auferweckt worden* gehört einer anderen Kategorie an als die Aussage *er ist gestorben* oder *er ist begraben worden.* Das ist auch verständlich; denn das logische „Subjekt", das durch die passive Form von *auferwecken* angedeutet wird, ist Gott. Von Gott kann man aber nicht einfach reden wie von einem Menschen; innerweltliche Kategorien reichen hier einfach nicht mehr aus. Von Gott kann man nur in Bildern und Gleichnissen reden. Das heißt aber auch: Bei der Auferweckung haben wir es mit einem Geschehen zu tun, das nicht mit historischen Fakten zu verrechnen ist und auch nicht wie historische Fakten überprüft werden kann. Es ist ein Geschehen, das den historischen Rahmen bei weitem sprengt. Das wussten die ersten Christinnen; das wusste auch der Evangelist Markus. Nirgends finden wir in den Evangelien und überhaupt in den neutestamentlichen Schriften eine Schilderung der Auferstehung Jesu. Der Auferstandene selbst gehört eben auch einer anderen Kategorie oder einer anderen Welt an als der irdische Jesus. In diesem Sinn ist auch das nächste Verb – *er erschien* – zu deuten. Im Griechischen steht auch dieses Verb im Passiv, d. h. in der passiven Form des Verbs *sehen*. Eigentlich müsste man übersetzen: *Er ist von Kefas gesehen worden* oder *Er hat sich dem Kefas zu sehen gegeben*; weil nicht Kefas, sondern der Auferstandene (logisches) Subjekt des Satzes ist. Diese Redeweise erlaubt es uns nicht, nach der psychischen Verfassung des Kefas zu fragen. So wie *auferwecken*, von Gott ausgesagt, etwas anderes ist als *auf(er)wecken* in unserem alltäglichen, innerweltlichen Sinn, so ist auch das *Sich-dem-Kefas-zu-sehen-Geben* etwas anderes als wenn wir uns einander zu sehen geben. Man könnte auch so übersetzen: Der Messias Jesus ist in das Leben des Kefas getreten und hat ihn ganz in Beschlag genommen.

Es ist wichtig, die beiden Redeweisen auseinanderzuhalten. Das eine Mal, wenn es um innerweltliche Vorgänge geht, haben wir es mit einer „historisierenden" Redeweise zu tun; das andere Mal, wenn es um übergeschichtliche, „göttliche" Ereignisse geht, spricht man von einer „mythisierenden" Redeweise. Historisierend sind Aussagen wie: *Er ist gestorben*, oder: *Er ist begraben worden*. Mythisierend sind Aussagen wie: *Er ist auferweckt worden*, oder: *Er ist dem Kefas erschienen*.

Aber eben – und das ist das Problem des urchristlichen Erzählers, wenn er die Geschichte Jesu bis zum Ende erzählen will: Was dem Tod Jesu folgt, kann er nicht in der gleichen Art und Weise schildern, wie er im Vorausgehenden das Auftreten Jesu vor dem Hohen Rat oder sein Sterben am Kreuz geschildert hat. Wie soll er jetzt aber sein erzählerisches Projekt, den *Anfang des Evangeliums des Messias Jesus, des Sohnes Gottes* (Mk 1,1) zu verkünden, zu einem verständlichen Abschluss führen? Die Lösung ist ebenso genial wie originell: Weiterhin historisierend erzählend lässt er die Frauen, die Jesus bis zum Kreuz nachgefolgt sind und zugesehen haben, *wo sie ihn hingelegt haben*, noch einmal zum Grab kommen. Im Grab lässt der Erzähler dann den *Engel* auftreten und wechselt so – weiter erzählend – zur mythisierenden Redeweise; der Engel gehört der übergeschichtlichen, göttlichen Welt an. Entsprechend ist seine Botschaft; es ist eine Botschaft, die nicht historisierend, sondern übergeschichtlich-mythisierend verstanden werden muss – eine Botschaft übrigens, die der Erzähler vom urchristlichen *Evangelium* her kannte: *Er ist auferweckt worden* (Mk 16,7; vgl. 1Kor 15,4).

Der Engel

Mit dem *Engel* ist nicht eine romantische oder dekorative Gestalt gemeint, sondern der mächtige *Bote Gottes*. Dieser *Bote Gottes* tritt in der jüdisch-christlichen Tradition dann auf, wenn eine Botschaft kundgetan wird, die über menschliches Sinnen und Trachten weit hinausgeht, eben eine Botschaft Gottes. Statt *Engel Gottes* könnte an manchen Stellen einfach *Botschaft Gottes* oder sogar Gott selbst stehen. Der Engel ist gewissermaßen die Personifizierung der Botschaft Gottes. Die Angesprochenen reagieren auf den Engel oder auf die Botschaft Gottes mit Furcht und Entsetzen, ganz ähnlich wie Menschen in der Bibel auf die Erscheinung Gottes selbst reagieren; denn man wusste: Wer Gott gesehen hat, muss sterben (vgl. Ex 33,20; Ri 6,22f; Ex 20,19; Gen 32,31; Ex 3,5f u. a.). Es ist so, als ob man im Engel und seiner Botschaft Gott selbst begegnen würde. Deshalb leitet der Bote Gottes seine Rede meistens mit den Worten ein: *Fürchte dich nicht!* Nach diesem Muster treten Engel in den Evangelien auch sonst auf. *Der Engel Gabriel wurde von Gott in eine Stadt in Galiläa namens Nazaret zu einer Jungfrau gesandt.* Nach seiner Begrüßung *erschrickt* Maria, und der Engel sagt zu ihr: *Fürchte dich nicht ...* (Lk 1,26–30). Ähnlich tritt der *Engel des Herrn* zu den Hirten ... *und sie fürchteten sich sehr. Und der Engel sagt zu ihnen: Fürchtet euch nicht ...* (Lk 2,8–10) Und jedes Mal richtet der Engel Gottes eine Botschaft aus, auf die Menschen nie kommen würden, eine Botschaft, die Gottes Anwesenheit ahnen lässt.

So ist auch der Engel am Grab zu verstehen: Als die Frauen ihn sahen, *erschraken sie. Er aber sagte zu ihnen: Erschreckt nicht!* (Mk 16,6). Es ist nicht „nur" der Engel, der die Frauen erschrecken lässt. Nachdem er die Botschaft ausgerichtet hatte – *ihr sucht Jesus von Nazaret, den Gekreuzigten. Er ist auferweckt worden; er ist nicht hier. Seht, da ist die Stelle, wo man ihn hingelegt hatte* –, heißt es von den Frauen: *Da verließen sie das Grab und flohen; denn Schrecken und Entsetzen hatte sie gepackt* (Mk 16,7–8). Es ist, als ob sie in dieser Botschaft Gott selbst begegnet wären.

Lesen wir jetzt aber die Erzählung Mk 16,1–8 als Ganze:

> [1]*Als der Sabbat vorüber war, kauften Maria aus Magdala, Maria, die Mutter des Jakobus, und Salome wohlriechende Öle, um damit zum Grab zu gehen und Jesus zu salben.* [2]*Am ersten Tag der Woche kamen sie in aller Frühe zum Grab, als eben die Sonne aufging.* [3]*Sie sagten zueinander: Wer könnte uns den Stein vom Eingang des Grabes wegwälzen?* [4]*Doch als sie hinblickten, sahen sie, dass der Stein schon weggewälzt war; er war sehr groß.*

5 Sie gingen in das Grab hinein und sahen auf der rechten Seite ei-
nen jungen Mann sitzen, der mit einem weißen Gewand bekleidet
war; da erschraken sie sehr.
6 Er aber sagte zu ihnen: Erschreckt nicht! Ihr sucht Jesus von Na-
zaret, den Gekreuzigten. Er ist auferweckt worden; er ist nicht
hier. Seht, da ist die Stelle, wo man ihn hingelegt hatte.
7 Nun aber
geht und sagt seinen Jüngern und dem Petrus: Er geht euch vo-
raus nach Galiläa; dort werdet ihr ihn sehen, wie er es euch ge-
sagt hat.
8 Da verließen sie das Grab und flohen; denn Schrecken und Ent-
setzen hatte sie gepackt. Und sie sagten niemand etwas davon;
denn sie fürchteten sich.

Im Vorausgehenden haben wir bezüglich der Entstehung der Erzählungen vom Ostermorgen nicht wenig spekuliert und fantasiert. Es kann uns allerdings helfen, gewisse Ungereimtheiten, aber auch gewisse immer wiederkehrende Fragen bezüglich Historizität, leeres Grab usw. zu verstehen oder wenigstens einzuordnen. Die vermeintlichen Ungereimtheiten kommen nämlich vielfach daher, dass man die verschiedenen Redeweisen nicht auseinanderhält.

Tradition und Redaktion

Es ist nicht auszuschließen, dass dem Evangelisten eine kurze Erzählung bezüglich der Ereignisse am Ostermorgen vorgelegen hat, eine Erzählung, die ungefähr diesen Inhalt gehabt haben könnte:

> Am ersten Tag der Woche kamen die Frauen in aller Frühe zum Grab. Sie gingen in das Grab hinein und sahen auf der rechten Seite einen jungen Mann sitzen, der mit einem weißen Gewand bekleidet war; da erschraken sie sehr.
> Er aber sagte zu ihnen: Erschreckt nicht! Ihr sucht Jesus von Nazaret, den Gekreuzigten. Er ist auferstanden. (Er ist nicht hier. Seht, da ist die Stelle, wo man ihn hingelegt hatte.)
> Da verließen sie das Grab und flohen; denn Schrecken und Entsetzen hatte sie gepackt.

Diese wie gesagt sehr hypothetische Rekonstruktion setzt voraus, dass die vorausgehende historisierende Erzählung vom Tod Jesu und von der Grablegung bruchlos weiterging, jetzt allerdings an eine mythisierende Ebene heranreicht. Entsprechend ist auch die Redeweise.

Können wir dem Evangelisten Markus zutrauen, dass er eine solche Erzählung, die eher als Notiz zu verstehen ist, noch etwas erweitert hat? Dass er durch die Nennung der Frauen die Kontinuität mit dem Vorausgehenden noch unterstreichen wollte? Dass er mit dem Hinweis auf den Sonnenaufgang das Hintergründige der Erzählung ins Spiel bringen wollte? Man beachte auch die geschickte Dramaturgie: Die Frauen, die in ihrem Gespräch ganz mit dem *großen Stein* vor dem Grabeingang beschäftigt waren – er steht gewissermaßen für die Endgültigkeit des Todes –, blicken nun auf und sehen den Stein *weggewälzt* – sicher wieder eine passive Form, die andeutend von Gott spricht.

Mit großer Wahrscheinlichkeit können wir V 7 dem Markus zuweisen:

Nun aber geht und sagt seinen Jüngern und dem Petrus: Er geht euch voraus nach Galiläa; dort werdet ihr ihn sehen, wie er es euch gesagt hat.

Wenn wir die Schwerfälligkeit der „Jünger" bedenken, die sich praktisch durch das ganze Evangelium hindurchzieht; wenn wir an die Rolle des Petrus denken, der als der wohl prominenteste der Jünger auch am schmählichsten versagt hat: Dann hat dieses Wort sowohl einen provozierenden als auch einen tröstlichen Klang. Weder die Flucht der Jünger noch die Verleugnung des Petrus vermögen der Gemeinsamkeit mit dem Nazarener ein Ende zu setzen; nichts hindert den Auferstandenen, sich mit ihnen auf den Weg zu machen bzw. den Weg mit ihnen fortzusetzen.

Die Bekräftigung *wie er es euch gesagt hat* verweist die Leserinnen und Leser an die vorausgehende Evangeliumserzählung, die hier eben weitergeht. In Mk 14,26ff lesen wir:

26 *Nach dem Lobgesang gingen sie zum Ölberg hinaus.*
27 *Da sagte Jesus zu ihnen: Ihr werdet alle (an mir) Anstoß nehmen und zu Fall kommen; denn in der Schrift steht: Ich werde den Hirten erschlagen, dann werden sich die Schafe zerstreuen.*
28 *Aber nach meiner Auferstehung werde ich euch nach Galiläa vorausgehen.*

Schrecken, Entsetzen, Furcht und Schweigen

Der letzte Vers – *Da verließen sie das Grab und flohen; denn Schrecken und Entsetzen hatte sie gepackt. Und sie sagten niemand etwas davon; denn sie fürchteten sich* – macht uns ratlos. Zwar sahen wir, dass Furcht, Schrecken und Entsetzen durchaus zur Szenerie der Gotteserscheinung gehören, und dass es durchaus sinnvoll ist, die Botschaft des Engels als Gotteserscheinung zu interpretieren. Aber was soll das Schweigen? Möglich, dass auch dieses Schweigen im Sinn von Verstummen als Reaktion auf die Gotteserscheinung zu verstehen ist; es gibt Widerfahrnisse, die sprachlos machen. Wir kennen das auch von der Mystik her.

Könnte dieses Schweigen etwas mit den Schweigegeboten zu tun haben, die wir im Zusammenhang von Wundern und Hoheitstiteln wie *Messias* oder *Sohn Gottes* auch sonst im Evangelium finden? Aber wie passt dieses Schweigen zum Auftrag an die Frauen: ... *geht und sagt seinen Jüngern und dem Petrus* ...?

Vielleicht kommen wir der Sache näher, wenn wir von unseren historisierenden und psychologisierenden Vorstellungen abkommen. Was für das ganze Evangelium gilt, ist auch von der Erzählung von den Frauen am leeren Grab, mitsamt der Botschaft des Engels an die Frauen, mitsamt auch der Reaktion der Frauen zu vermerken: Markus möchte damit vor allem seinen Gemeinden, seinen Leserinnen und Lesern etwas sagen. Sie sind gemeint. Sie sollen die Botschaft des Engels als Offenbarung Gottes entgegennehmen. Und so wie sie nicht unbedacht vom *Sohn Gottes* reden oder von diesem Jesus „einfach so“ *Wunder* erzählen sollen, weil sowohl die Wunder wie auch die Titel so schrecklich missverständlich sind und weder schöne Worte noch Wunder den Glauben ersetzen, so ist es auch mit der Botschaft des Engels. Die Auferstehung soll man nicht „einfach so“ weitersagen; den Missverständnissen würden Tür und Tor geöffnet. Der Wundertäter und der Gottessohn wäre dann auch derjenige, der dem Tod dadurch ein Schnippchen schlug, dass er aus dem Grab wieder herausfand. Jesus ist weder der Wundertäter im landläufigen Sinn, noch ist er der Gottessohn im landläufigen Sinn, noch ist er im landläufigen Sinn aus dem Grab herausgekommen. Von diesem „landläufigen Sinn“ müssen wir uns ein für alle Mal verabschieden. Die Rede vom *Sohn Gottes*, die Erzählungen von *Wundern* und die Botschaft von der *Auferstehung*: All das gibt nur dann Sinn, all das „stimmt“ nur dann, wenn man bereit ist, Jesus zu folgen – bis ans Kreuz – und mit dem heidnischen Hauptmann bekennt: *Wahrhaftig, dieser Mensch war Gottes Sohn.* Weder die „Wunder“ noch der „Sohn Gottes“ noch die „Auferstehung“ sind der „Ort Gottes“, sondern allein der *Glaube* an den im gekreuzigten und auferweckten Jesus anwesenden Gott.

Eine gewisse Parallele ist nicht zu übersehen:

Mk 15,39	Mk 16,6
Der Hauptmann, der Jesus am Kreuz sterben sah, sagt:	Der Bote Gottes im leeren Grab sagt:
Wahrhaftig, dieser Mensch	*Ihr sucht Jesus von Nazaret, den Gekreuzigten.*
war Gottes Sohn.	*Er ist auferweckt worden ...* (=Gott hat ihn auferweckt)

Es sind wie zwei Seiten der gleichen Medaille. Hier wie dort ist mit einer schier unübertrefflichen Dichte von Gott die Rede. Auf der einen Seite bekennt der Hauptmann: Der eben am Kreuz mit einem lauten Aufschrei das Leben aushauchende Jesus war der *Sohn Gottes* – und er ist es und kein anderer; auf der anderen Seite bekennt sich Gott durch die Auferweckung zum gekreuzigten Jesus von Nazaret. Hier ist nichts mehr im „landläufigen Sinn" zu verstehen. Nicht erstaunlich, dass die Frauen von Schrecken und Entsetzen gepackt werden – und dass es ihnen die Sprache verschlägt: Sie haben Gott geschaut.

Markus interpretiert das *Evangelium* als *Epiphanie*, als Erscheinen Gottes.

Und Galiläa?

Der Evangelist Markus schrieb „sein" Evangelium für christliche Gemeinden. Nur: Die sind ja nicht in Galiläa zu suchen, viel eher in Rom oder sonst irgendwo im römischen Reich. Was sollen also seine Leserinnen und Leser mit der Aufforderung tun: *Er geht euch voraus nach Galiläa; dort werdet ihr ihn sehen, wie er es euch gesagt hat*?

Werfen wir zuerst einen Blick auf die „erzählte Welt". Für die Frauen am Grab, die mit der Botschaft beauftragt wurden, war die Aufforderung klar, so auch für die Jüngerinnen und Jünger und für Petrus, die die Botschaft der Frauen entgegenzunehmen hatten. Klar – aber doch auch ziemlich überraschend.

Zwar weckte die Erwähnung von Galiläa Erinnerungen an die letzten zwei, drei Jahre; aber diese Erinnerungen sind auch noch eingebettet in bestimmte Einsichten und Erfahrungen, besonders wenn in Jerusalem von Galiläa die Rede ist.

Zuerst einmal dies: So wie aus Nazaret, diesem galiläischen Nest, nichts Gutes zu erwarten war, wie Natanael im Johannesevangelium sagt (1,46), so rümpfte man im großstädtischen Jerusalem über ganz Galiläa die Nase. Für die Hohenpriester, Ratsherren und Pharisäer des Johannesevangeliums war es klar: *Forsche nach und du wirst sehen, dass aus Galiläa kein Prophet ersteht* – so geben sie Nikodemus zu bedenken (Joh 7,52). Andere, nichtbiblische Quellen, bestätigen das. In den ersten 70 Jahren unserer Zeitrechnung lässt sich in Galiläa gerade ein einziger Rechtsgelehrter namentlich ausfindig machen: Nittaj aus Arbel. Und das ist dann schon alles. Aus Galiläa ist kein Prophet, ja überhaupt nichts Vernünftiges zu erwarten.

Die Gründe für die eher distanzierte Haltung der Jerusalemer gegenüber den Galiläern waren vielschichtig. Bereits die Sprache spielte eine gewisse Rolle; für Jerusalemer Ohren war galiläisch schlicht ein Horror. Den Petrus erkannten die Jerusalemer Bediensteten an seiner Sprache: *Du bist doch auch ein Galiläer!* Ganz abgesehen davon, dass Petrus auch zu fluchen verstand wie ein Galiläer (vgl. Mt 26,73–74).

Zur Geringschätzung kam aber auch ein gewisses Misstrauen, das man in Jerusalem gegenüber Galiläern hatte. Galiläa war einfach zu weit von Jerusalem entfernt und zu nahe bei den heidnischen Gebieten. Überhaupt wusste man nie so recht, ob Galiläer mehr jüdisch oder mehr heidnisch waren. Gewiss suchten die Galiläer immer wieder die heiligen Stätten auf, aber sie gebärdeten sich dort eben doch anders als die Jerusalemer. Und auch wenn berühmte Schriftsteller wie Flavius Josephus den Galiläern Tapferkeit und Mut nachsagten, musste sie das ja nicht auch schon von vornherein sympathischer machen.

Aber nicht nur die Leute waren anders, anders war auch ihr Land. Galiläa war eine von der Natur reich gesegnete Gegend. Der fruchtbare Boden hat Geschichtsschreiber und Dichter immer wieder veranlasst, Loblieder auf Galiläa zu singen. Der eben genannte Flavius Josephus (38–ca. 100) schreibt in seinem „Jüdischen Krieg" (III 10,8):

> Ihr Boden ist so fett, dass jede Pflanze wachsen kann, und die Bewohner haben ihn auch mit allen möglichen Arten bepflanzt, zumal das ausgezeichnete Klima zum Gedeihen der verschiedensten Gewächsarten beiträgt. Nussbäume, die am meisten der Kühle bedürfen, wachsen dort in großer Menge ebenso wie Palmen, die nur in der Hitze gedeihen; nahe bei ihnen stehen Feigen- und Ölbäume, denen eine gemäßigte Natur mehr zusagt ... Der Boden bringt die verschiedensten Obstsorten nicht bloß einmal im Jahr, sondern fortwährend hervor. So liefert er die königlichen Früchte, Weintrauben und Feigen, zehn Monate lang ohne Unterbrechung, während die übrigen Früchte das ganze Jahr hindurch mit jenen reif werden. Zu dem milden Klima gesellt sich die Bewässerung durch eine sehr kräftige Quelle ...

Nicht zu übersehen war auch die Fischerei. Der Fisch aus dem See Genesaret – *aus dem Meer*, wie die Galiläer sagen würden –, wurde nach dem griechischen Geografen Strabon (gestorben um 20 n. Chr.) sogar in Rom geschätzt und gekauft. Blühend war auch das galiläische Handwerk. Da gab es Bauarbeiter, wie Jesus einer war (Mk 6,3), da gab es Holzhacker, Zimmerleute, Schreiner, Töpfer, Glasverarbeiter, Leinenweber, Zeltmacher usw. Verständlich, dass unter solchen Umständen auch der Handel eine nicht unbedeutende Rolle spielte. Die Verbindungen zu den großen Verkehrswegen waren nicht schlecht, wenn auch gleich hinzugefügt werden muss, dass diese mehr noch von den mächtigeren Nachbarn benutzt wurden.

Aber was nützen die vielen Güter und die gut ausgebaute Infrastruktur, wenn die Güter selbst schlecht verteilt sind? Nur wenige waren es, die mit ihren Familien sorglos leben konnten. Das waren zum Beispiel finanzkräftige Großgrundbesitzer; sie kauften Grund und Boden, enteigneten dadurch aber auch die Kleinbauern, die nicht mehr konkurrieren konnten und sich verschuldeten. Zur so genannten Oberschicht gehörten auch finanzkräftige Steuer- und Zollpächter – ähnlich wie im südlicheren Jericho Zachäus einer war; sie betrogen die Bauern und Beduinen wo sie nur konnten, wenn diese ihre Waren auf den Markt brachten. Zu erwähnen wären auch Großhändler, heutigen Generalvertretern und Großimporteuren vergleichbar; wegen ihres hohen Einkommens wurden sie mit Fürsten auf die gleiche Stufe gestellt. – Aber wie gesagt: Zahlenmäßig waren das nur wenige.

Eine Mittelschicht in unserem Sinn gab es nicht. Was Handwerker, Kleinpächter, Fischer, Kleinbauern, soweit sie nicht enteignet waren, auf den Markt brachten, mussten sie nicht nur hoch versteuern, sondern oft auch durch manche Zollschranke schleppen. Groß konnte ihr Verdienst nicht gewesen sein, sonst hätten die damaligen Gesetzeslehrer für sie nicht ein Existenzminimum von 200 Denaren (das entspricht 200 Tageslöhnen im Jahr) festlegen müssen.

Zahlenmäßig am meisten ins Gewicht fiel die verarmte Unterschicht. In unseren Evangelien finden sie oft Erwähnung:

die Mittellosen, die Bettler, die Sklavinnen, die Verschuldeten, die Tagelöhner, die Arbeitslosen, die Blinden, die Gelähmten, die Aussätzigen, die psychisch Kranken. Sehr verwunderlich ist es ja nicht, dass Jesus sich zuerst an diese Leute wandte, hatte er doch als kleiner Handwerker im ärmlichen Nazaret selbst immer wieder um den Lebensunterhalt für sich und die Seinen zu kämpfen.

Wo das Gefälle zwischen Reich und Arm groß ist, macht sich Resignation breit, verlassen Leute das Land; andere gehen in den Untergrund. Galiläa war auch das Land der Widerstandskämpfer. Es war das Land des Hiskia von Gamala, der von Herodes dem Großen ohne Gerichtsverfahren hingerichtet wurde (47 v. Chr.), wie denn überhaupt Herodes der Große innert drei Jahren (40–37 v. Chr.) nicht weniger als viermal mit seinen Truppen in Galiläa eingreifen musste, um die Ordnung einigermaßen wieder herzustellen. Es war das Land des Judas aus Gamala, der das königliche Arsenal von Sepphoris plünderte, *um* – wie Flavius Josephus schreibt – *so rasch wie möglich die Schuldurkunden zu vernichten und die Eintreibung der Ausstände unmöglich zu machen* – eine Aussage, die die Schuldenwirtschaft der damaligen Zeit gut vor Augen führt. Es war das Land des Eleasar ben Jair, der als Befehlshaber einer Widerstandstruppe auf Masada den Römern nach dem Ersten Krieg (66–70 n. Chr.) am längsten und nachhaltigsten die Stirn zu bieten wusste. – Ja, es ist leichter, im damaligen Galiläa Namen von Widerstandskämpfern ausfindig zu machen als Namen von Theologinnen und Propheten.

Aber täuschen wir uns nicht. Wenn wir von Galiläa als dem Land des Widerstands sprechen, heißt das nicht, dass die Galiläer die Bibel mit dem Schwert vertauscht hätten. Ihre kriegerische Einstellung entsprang einem tiefen Glauben, der zum Teil geprägt war von einer radikalen sozial-messianischen Einstellung. In einem Land, das seit Jahrhunderten von heidnischen bzw. halbheidnischen Nachbarn umgeben war; in einem Land, zu dem hin und um das herum wichtige Handelsstraßen führten, auf denen nicht nur Handelsgüter, sondern auch neuartige Mentalitäten und Ideologien feilgeboten wurden; in einem Land, dessen „Großstädte" – Sepphoris, Tiberias, Magdala – von heidnisch-hellenistischer Kultur geprägt waren; in einem Land, das durch neue, abwechselnde Bevölkerungen immer wieder überflutet wurde: In einem solchen Land entwickelte sich auch zusehends das Gespür für das Wesentliche, für das, was Bestand hat, für das Unaufgebbare, für das Unterscheidende. Darum erstaunt es eigentlich nicht, dass wir in Galiläa viel Widersprüchliches antreffen: einen lockeren Umgang mit obrigkeitlichen Verordnungen und strenge Einhaltung des mosaischen Gesetzes; Widerstand gegen politische Übergriffe und unaufgebbares Festhalten an Jerusalem als religiösem Zentrum.

Ausgerechnet Galiläa

Aber es war Galiläa, ausgerechnet dieses Galiläa der schlechten Sprache, der politisch, kulturell und religiös zum Teil extrem, zum Teil unzuverlässig eingestellten Bevölkerung, ausgerechnet dieses Galiläa, in dem nach dem Zeugnis der Schriften nie ein Prophet erstehen wird, ausgerechnet dieses *Galiläa der Heiden*, wie Matthäus im Anschluss an Jesaja verdeutlichen wird (Mt 4,15), ausgerechnet dieses Galiläa war der Ort des

Auftretens Jesu. Jesus stammte nicht nur aus Galiläa; Galiläa war auch der erste, ja privilegierte Ort seines Wirkens, der Ort, an dem zum ersten Mal Jesu Stimme sich erhob:

Die Zeit ist erfüllt,
die Herrschaft Gottes ist nahe herangekommen;
kehrt um und glaubt an die Heilsbotschaft.

So auf alle Fälle fasste auf meisterhafte Art ein früher Theologe die Predigt Jesu zusammen (Mk 1,15). Und ausgerechnet hier in Galiläa, wo ganz unerwartet alles seinen Anfang nahm, begann dieser Ruf auch konkret zu werden. Man lese dazu die ersten Kapitel des Markusevangeliums (vgl. auch S. 65–96), wo von den Wundern und Heilungen die Rede ist, von den verschiedenen Begegnungen, von der Befreiung von Besessenen, vom Aufrichten der Schwiegermutter des Simon, von der Umarmung des Aussätzigen, vom gemeinsamen Essen mit Sündern und Zöllnern, vom Mann mit der gelähmten Hand in der Mitte des Synagogengottesdienstes – alles Konkretionen dessen, was es heißt, dass die Zeit erfüllt und das Reich Gottes ganz nahe herangekommen ist. – Das alles gehört zu Galiläa.

In Galiläa machte sich freilich auch bald schon der Widerstand bemerkbar. Auch das gehört zu Galiläa. Das Schimpfen der Verantwortlichen und Besserwisser: *Der lästert!* (Mk 2,6–7). *Mit Sündern und Zöllnern isst er!* (2,15–17). *Warum fasten deine Jünger nicht?* (2,18). *Schau, was sie am Sabbat Unerlaubtes tun!* (2,24). Bald hören sie gar nicht mehr hin; sie beobachten ihn nur noch (3,2). Und seine Verwandten halten ihn für verrückt (3,21). – Auch das ist Galiläa.

Selbst die Jünger vermögen mit Jesus nicht Schritt zu halten. Die hungrigen Leute möchten sie am liebsten wegschicken

(Mk 6,36). Sie schelten die Frauen, die ihre Kinder zu Jesus bringen, damit er sie berühre (10,13). Und erst recht dann, wenn Jesus die Möglichkeit des Scheiterns in Betracht zieht und Jerusalem ins Blickfeld gerät, fangen die Jünger richtiggehend zu mauern an: Petrus nimmt ihn beiseite und macht ihm Vorhaltungen (8,32); die Jünger streiten um die ersten Plätze (9,34); Jakobus und Johannes verlangen das Sitzen zur Rechten und zur Linken in seiner Herrlichkeit (10,37). Im entscheidenden Moment werden alle die Flucht ergreifen (14,50), und Petrus wird ihn verleugnen (14,66–72). – Auch das gehört zu Galiläa.

Hingerichtet freilich wurde Jesus in Jerusalem, der Heiligen Stadt. Dort war er mit den Interessen der Mächtigen, der Priester und der Römer ganz unmittelbar konfrontiert und stand ihnen quer. *Sterben muss, wer an Götzen rührt* – so lautet der Titel eines Buches des Befreiungstheologen Jon Sobrino. Es könnte dieser Titel auch über dem Leben und Sterben Jesu stehen.

Eine Brücke zu unserer Welt?

Kommen wir noch einmal zurück zur Frage, was die Adressaten mit der Aufforderung tun sollen: *Er geht euch voraus nach Galiläa; dort werdet ihr ihn sehen, wie er es euch gesagt hat.*

Nicht *in alle Welt* sollen sie gehen (vgl. Mk 16,15); nicht zum *Tempel*, dessen Untergang ja angesagt ist (vgl. 13,2). In *Galiläa* werden sie ihn sehen, im Galiläa der Heiden, im Galiläa der Widersprüchlichkeiten, im Galiläa der Fischer und Bauhandwerker, der Arbeitslosen und Bettler, der Prostituierten und Sünder und Zöllner, im Galiläa des Nittaj aus Arbel, des Judas aus

Gamala, des Eleasar ben Jair, im Galiläa der Maria und des Simon und des Johannes und des Levi, im Galiläa der Nussbäume und der kräftigen Quelle, kurz: Dort, wo alles begonnen hat, dort werden sie ihm begegnen und dort sollen sie den Weg mit ihm noch einmal aufnehmen.

Man kann sich wirklich fragen, ob die Brücke von Galiläa zur Welt der Adressatinnen – und auch zu unserer Welt! – so schwer zu schlagen ist. Könnte denn mit *Galiläa* nicht auch unsere Zeit und unsere Welt gemeint sein? Unser Alltag auch mit all seinen Widersprüchen und Widerwärtigkeiten. Unser tägliches Leben und Arbeiten, von dem wir auch nichts mehr erwarten. Die Leere in uns und um uns, aus der auch nichts Prophetisches erstehen wird. Galiläa: Das könnte auch unsere Hartherzigkeit sein und unsere Abgebrühtheit, die das Leben ersticken lässt. Galiläa: Es könnte auch für unsere Resignation und Ausweglosigkeit stehen, für unsere Vorurteile, für unsere kleinen Ausflüchte, für unsere mageren Hoffnungen, für unsere billigen Kompromisse, für unsere gegenseitigen Blockierungen, für unsere Börsen und unsere Arbeitslosigkeit, für die Atomlobby, für die EU, für Inter Mailand und für den Basler Zoo, für den Kolpingverein und für den Tante-Emma-Laden.

Die Osterbotschaft nimmt uns nicht aus unserer Welt. Im Gegenteil: Die Osterbotschaft schickt uns in unsere Welt, schickt uns in *unser* Galiläa, in das Galiläa unseres Alltags. Und in diesem Sinn ist Galiläa irgendwie eben doch konkret die Welt, in der wir stehen. Und wenn wir heute oder morgen in unser Galiläa, in unseren Alltag zurückkommen, dann lasst uns gesagt sein: *hier* – und nirgendwo anders – ist der „Ort“ unserer Bewährung, der Ort unseres Glaubens, der Ort unserer Begegnung. Und vergessen wir nicht: Wenn wir heute oder morgen zurückkommen in unseren Alltag, in unser Galiläa, ist einer vor uns schon angekommen: Er geht euch *voraus* nach Galiläa, so heißt es in der Botschaft des Engels; er ist dort angekommen, bevor wir uns auf den Weg machen. Und ihr werdet ihn dort sehen. Sehen in all den Leuten, mit denen er sich solidarisiert hat und heute wieder solidarisiert: mit den Gebeugten, Zerschlagenen, Unterdrückten, mit den Fremden, Arbeitslosen, Flüchtlingen, Gefangenen. Und ihr werdet ihn sehen in all jenen Begebenheiten, in welchen Menschen das tun, was auch der Galiläer getan hat: Er ist angstlos auf die Menschen zugegangen; er hat mit ihnen das Brot gebrochen; er hat sie in die Arme genommen; er hat bei ihnen ausgeharrt; er hat sich vor sie hingestellt; er hat sie zur Rede gestellt; er hat sie angestoßen; er ist mit ihnen ans Kreuz gegangen; kurz: Er hat die Menschen geliebt, schrankenlos und grundlos und umfassend und bedingungslos und realistisch und bis zum Letzten.

Die Botschaft von der Auferstehung erweist sich im Neuen Testament nirgends als eine Botschaft vom leeren Grab, sondern als die Botschaft vom lebendigen Messias Jesus. Er geht den Glaubenden voraus in die Alltäglichkeiten ihres Lebens. Dort werden sie ihm begegnen, dort werden sie ihn sehen, dort werden sie ihm nachfolgen und mit ihm leben. Leben dadurch, dass sie das neue Leben, das er angeboten hat, jeden Tag von neuem ausprobieren: dass sie nach der rechten auch noch die linke Wange zum Schlage hinhalten, dass sie mit dem Hemd auch noch die Jacke geben, dass sie siebzigmal siebenmal verzeihen ... und dass sie bei all dem keine Angst zu haben brauchen vor dem Tod. Denn der gekreuzigte und von Gott auferweckte Jesus, der *Messias* und *Sohn Gottes*, ist ihnen Gewähr dafür, dass weder die Götzen noch der Tod das letzte Wort haben werden; dass es keinen Abgrund, keine Krankheit, keinen Schmerz, kein Elend, keinen Fluch, und keinen Tod mehr gibt, in welchem nicht Gott selbst, JHWH, mit seiner ganzen liebenden Leidenschaftlichkeit anwesend wäre.

topos taschenbücher

Hermann-Josef Venetz

Der Evangelist des Alltags

Streifzüge durch das Lukasevangelium

198 Seiten

Band 610
ISBN 978-3-7867-8610-8

www.topos-taschenbuecher.de